MÉRIMÉE

QUATRE CONTES FANTASTIQUES

VISION DE CHARLES XI – LA VÉNUS D'ILLE
LOKIS – IL VICCOLO DI MADAMA LUCREZIA

Texte intégral
avec des considérations sur le fantastique,
des notes, des exercices,
une bibliographie

par

Henri BAUDIN

Docteur d'Etat ès Lettres
Professeur à l'Université
des Sciences Sociales de Grenoble

Bordas

Les fenêtres de cette salle semblaient en ce moment éclairées d'une vive lumière. Cela parut étrange au roi (p. 5).
Illustration de Maximilien Vox, 1925. Bibliothèque Nationale, Paris. Ph. © Bibl. Nat. — Photeb. © by ADAGP 1989.

© BORDAS, Paris, 1989
ISBN 2-04-018232-2/ISSN 0249-7220

Toute représentation ou reproduction, intégrale ou partielle, faite sans le consentement de l'auteur, ou de ses ayants-droit ou ayants-cause, est illicite (loi du 11 mars 1957, alinéa 1er de l'article 40). Cette représentation ou reproduction par quelque procédé que ce soit, constituerait une contrefaçon sanctionnée par les articles 425 et suivants du code pénal. La loi du 11 mars 1957 n'autorise, aux termes des alinéas 2 et 3 de l'article 41, que les copies ou reproductions strictement réservées à l'usage privé du copiste et non destinées à une utilisation collective d'une part, et, d'autre part, que les analyses et les courtes citations dans un but d'exemple et d'illustration.

VISION DE CHARLES XI

There are more things in heav'n and earth, Horatio,
Than are dreamt of in your philosophy [1].

SHAKESPEARE, *Hamlet.*

On se moque des visions et des apparitions surnaturelles ; quelques-unes, cependant, sont si bien attestées que,
si l'on refusait d'y croire, on serait obligé, pour être
conséquent, de rejeter en masse tous les témoignages
historiques.

Un procès-verbal en bonne forme, revêtu des signatures
de quatre témoins dignes de foi, voilà ce qui garantit
l'authenticité du fait que je vais raconter. J'ajouterai que
la prédiction contenue dans ce procès-verbal était connue
et citée bien longtemps avant que des événements arrivés
de nos jours aient paru l'accomplir.

Charles XI, père du fameux Charles XII, était un des
monarques les plus despotiques, mais un des plus sages
qu'ait eus la Suède. Il restreignit les privilèges monstrueux
de la noblesse, abolit la puissance du Sénat, et fit des lois
de sa propre autorité ; en un mot, il changea la constitu-
tion du pays, qui était oligarchique[2] avant lui, et força les
États à lui confier l'autorité absolue. C'était d'ailleurs un
homme éclairé, brave, fort attaché à la religion
luthérienne[3], d'un caractère inflexible, froid, positif[4],
entièrement dépourvu d'imagination.

Il venait de perdre sa femme Ulrique Éléonore. Quoique
sa dureté pour cette princesse eût, dit-on, hâté sa fin, il
l'estimait, et parut plus touché de sa mort qu'on ne
l'aurait attendu d'un cœur aussi sec que le sien. Depuis

---

1. « Il y a plus de choses au ciel et sur terre, Horatio, que n'en rêve votre
philosophie. » — 2. Gouvernement politique où l'autorité est entre les mains de
peu de personnes. — 3. Réformée (ou : protestante). — 4. Qui recherche avant
tout le réel.

cet événement, il devint encore plus sombre et taciturne qu'auparavant, et se livra au travail avec une application qui prouvait un besoin impérieux d'écarter des idées pénibles.

À la fin d'une soirée d'automne, il était assis en robe de chambre et en pantoufles devant un grand feu allumé dans son cabinet au palais de Stockholm. Il avait auprès de lui son chambellan, le comte Brahé, qu'il honorait de ses bonnes grâces, et le médecin Baumgarten qui, soit dit en passant, tranchait de l'esprit fort[5], et voulait que l'on doutât de tout, excepté de la médecine. Ce soir-là, il l'avait fait venir pour le consulter sur je ne sais quelle indisposition.

La soirée se prolongeait et le roi, contre sa coutume, ne leur faisait pas sentir, en leur donnant le bonsoir, qu'il était temps de se retirer. La tête baissée et les yeux fixés sur les tisons, il gardait un profond silence, ennuyé de sa compagnie, mais craignant, sans savoir pourquoi, de rester seul. Le comte Brahé s'apercevait bien que sa présence n'était pas fort agréable, et déjà plusieurs fois il avait exprimé la crainte que Sa Majesté n'eût besoin de repos : un geste du roi l'avait retenu à sa place. À son tour, le médecin parla du tort que les veilles font à la santé ; mais Charles lui répondit entre ses dents :

— Restez, je n'ai pas encore envie de dormir.

Alors on essaya différents sujets de conversation qui s'épuisaient tous à la seconde ou troisième phrase. Il paraissait évident que Sa Majesté était dans une de ses humeurs noires et, en pareille circonstance, la position d'un courtisan est bien délicate. Le comte Brahé, soupçonnant que la tristesse du roi provenait de ses regrets pour la perte de son épouse, regarda quelque temps le portrait de la reine suspendu dans le cabinet, puis il s'écria avec un grand soupir :

— Que ce portrait est ressemblant ! Voilà bien cette expression à la fois si majestueuse et si douce !

---

5. Se donnait des airs d'incroyant.

VISION DE CHARLES XI

— Bah ! répondit brusquement le roi, qui croyait entendre un reproche toutes les fois qu'on prononçait devant lui le nom de la reine.

— Ce portrait est trop flatté ! La reine était laide.

Puis, fâché intérieurement de sa dureté, il se leva et fit un tour dans la chambre pour cacher une émotion dont il rougissait. Il s'arrêta devant la fenêtre qui donnait sur la cour. La nuit était sombre et la lune à son premier quartier.

Le palais où résident aujourd'hui les rois de Suède n'était pas encore achevé, et Charles XI, qui l'avait commencé, habitait alors l'ancien palais situé à la pointe du Ritterholm qui regarde le lac Mœler[6]. C'est un grand bâtiment en forme de fer à cheval. Le cabinet du roi était à l'une des extrémités, et à peu près en face se trouvait la grande salle où s'assemblaient les États[7] quand ils devaient recevoir quelque communication de la couronne[8].

Les fenêtres de cette salle semblaient en ce moment éclairées d'une vive lumière. Cela parut étrange au roi. Il supposa d'abord que cette lueur était produite par le flambeau de quelque valet. Mais qu'allait-on faire à cette heure dans une salle qui depuis longtemps n'avait pas été ouverte ? D'ailleurs, la lumière était trop éclatante pour provenir d'un seul flambeau. On aurait pu l'attribuer à un incendie ; mais on ne voyait point de fumée, les vitres n'étaient pas brisées, nul bruit ne se faisait entendre ; tout annonçait plutôt une illumination.

Charles regarda ces fenêtres quelque temps sans parler. Cependant le comte Brahé, étendant la main vers le cordon d'une sonnette, se disposait à sonner un page pour l'envoyer reconnaître la cause de cette singulière clarté ; mais le roi l'arrêta.

— Je veux aller moi-même dans cette salle, dit-il.

En achevant ces mots on le vit pâlir, et sa physionomie exprimait une espèce de terreur religieuse. Pourtant il

---

6. En bordure de Stockholm. — 7. Réunion de députés des divers ordres représentant le pays. — 8. La puissance royale.

sortit d'un pas ferme ; le chambellan et le médecin le suivirent, tenant chacun une bougie allumée.

Le concierge, qui avait la charge des clefs, était déjà couché. Baumgarten alla le réveiller et lui ordonna, de la part du roi, d'ouvrir sur-le-champ les portes de la salle des États. La surprise de cet homme fut grande à cet ordre inattendu ; il s'habilla à la hâte et joignit le roi avec son trousseau de clefs. D'abord il ouvrit la porte d'une galerie qui servait d'antichambre ou de dégagement à la salle des États. Le roi entra ; mais quel fut son étonnement en voyant les murs entièrement tendus de noir !

— Qui a donné l'ordre de faire tendre ainsi cette salle ? demanda-t-il d'un ton de colère.

— Sire, personne, que je sache, répondit le concierge tout troublé et, la dernière fois que j'ai fait balayer la galerie, elle était lambrissée de chêne comme elle l'a toujours été... Certainement ces tentures-là ne viennent pas du garde-meuble de Votre Majesté.

Et le roi, marchant d'un pas rapide, était déjà parvenu à plus des deux tiers de la galerie. Le comte et le concierge le suivaient de près ; le médecin Baumgarten était un peu en arrière, partagé entre la crainte de rester seul et celle de s'exposer aux suites d'une aventure qui s'annonçait d'une façon assez étrange.

— N'allez pas plus loin, sire ! s'écria le concierge. Sur mon âme, il y a de la sorcellerie là-dedans. À cette heure... et depuis la mort de la reine, votre gracieuse épouse..., on dit qu'elle se promène dans cette galerie... Que Dieu nous protège !

— Arrêtez, sire ! s'écriait le comte de son côté. N'entendez-vous pas ce bruit qui part de la salle des États ? Qui sait à quels dangers Votre Majesté s'expose !

— Sire, disait Baumgarten, dont une bouffée de vent venait d'éteindre la bougie, permettez du moins que j'aille chercher une vingtaine de vos trabans[9].

---

9. Hallebardiers.

VISION DE CHARLES XI

— Entrons, dit le roi d'une voix ferme en s'arrêtant devant la porte de la grande salle ; et toi, concierge, ouvre vite cette porte.

Il la poussa du pied, et le bruit, répété par l'écho des voûtes, retentit dans la galerie comme un coup de canon.

Le concierge tremblait tellement que sa clef battait la serrure sans qu'il pût parvenir à la faire entrer.

— Un vieux soldat qui tremble ! dit Charles en haussant les épaules. — Allons, comte, ouvrez-nous cette porte.

— Sire, répondit le comte en reculant d'un pas, que Votre Majesté me commande de marcher à la bouche d'un canon danois ou allemand, j'obéirai sans hésiter ; mais c'est l'enfer que vous voulez que je défie.

Le roi arracha la clef des mains du concierge.

— Je vois bien, dit-il d'un ton de mépris, que ceci me regarde seul ; et, avant que sa suite eût pu l'en empêcher, il avait ouvert l'épaisse porte de chêne, et était entré dans la grande salle en prononçant ces mots : « Avec l'aide de Dieu ! » Ses trois acolytes, poussés par la curiosité, plus forte que la peur, et peut-être honteux d'abandonner leur roi, entrèrent avec lui.

La grande salle était éclairée par une infinité de flambeaux. Une tenture noire avait remplacé l'antique tapisserie à personnages. Le long des murailles paraissaient disposés en ordre, comme à l'ordinaire, des drapeaux allemands, danois ou moscovites, trophées des soldats de Gustave-Adolphe. On distinguait au milieu des bannières suédoises, couvertes de crêpes funèbres.

Une assemblée immense couvrait les bancs. Les quatre ordres de l'État⋆ siégeaient chacun à son rang. Tous étaient habillés de noir, et cette multitude de faces humaines, qui paraissaient lumineuses sur un fond sombre, éblouissait tellement les yeux que, des quatre témoins de cette scène extraordinaire, aucun ne put trouver dans cette foule une figure connue. Ainsi un acteur vis-à-vis

---

⋆ La noblesse, le clergé, les bourgeois et les paysans.

d'un public nombreux ne voit qu'une masse confuse, où ses yeux ne peuvent distinguer un seul individu.

Sur le trône élevé d'où le roi avait coutume de haranguer l'assemblée, ils virent un cadavre sanglant, revêtu des insignes de la royauté. À sa droite, un enfant, debout et la couronne en tête, tenait un sceptre à la main ; à sa gauche, un homme âgé, ou plutôt un autre fantôme, s'appuyait sur le trône. Il était revêtu du manteau de cérémonie que portaient les anciens Administrateurs de la Suède, avant que Wasa en eût fait un royaume[10]. En face du trône, plusieurs personnages d'un maintien grave et austère, revêtus de longues robes noires, et qui paraissaient être des juges, étaient assis devant une table sur laquelle on voyait des grands in-folio et quelques parchemins. Entre le trône et les bancs de l'assemblée, il y avait un billot couvert d'un crêpe noir, et une hache reposait auprès.

Personne, dans cette assemblée surhumaine, n'eut l'air de s'apercevoir de la présence de Charles et des trois personnes qui l'accompagnaient. À leur entrée, ils n'entendirent d'abord qu'un murmure confus, au milieu duquel l'oreille ne pouvait saisir des mots articulés ; puis le plus âgé des juges en robe noire, celui qui paraissait remplir les fonctions de président, se leva, et frappa trois fois de la main sur un in-folio ouvert devant lui. Aussitôt il se fit un profond silence. Quelques jeunes gens de bonne mine, habillés richement, et les mains liées derrière le dos, entrèrent dans la salle par une porte opposée à celle que venait d'ouvrir Charles XI. Ils marchaient la tête haute et le regard assuré. Derrière eux, un homme robuste, revêtu d'un justaucorps de cuir brun, tenait le bout des cordes qui leur liaient les mains. Celui qui marchait le premier, et qui semblait être le plus important des prisonniers, s'arrêta au milieu de la salle, devant le billot, qu'il regarda avec un dédain superbe. En même temps, le cadavre parut trembler d'un mouvement con-

---

10. En 1523, par séparation d'avec le Danemark.

vulsif, et un sang frais et vermeil coula de sa blessure. Le jeune homme s'agenouilla, tendit la tête ; la hache brilla dans l'air, et retomba aussitôt avec bruit. Un ruisseau de sang jaillit sur l'estrade, et se confondit avec celui du cadavre ; et la tête, bondissant plusieurs fois sur le pavé rougi, roula jusqu'aux pieds de Charles, qu'elle teignit de sang.

Jusqu'à ce moment, la surprise l'avait rendu muet ; mais, à ce spectacle horrible, sa langue se délia ; il fit quelques pas vers l'estrade, et s'adressant à cette figure revêtue du manteau d'Administrateur, il prononça hardiment la formule bien connue[11] :

— *Si tu es de Dieu, parle ; si tu es de l'Autre, laisse-nous en paix.*

Le fantôme lui répondit lentement et d'un ton solennel :

— CHARLES ROI ! ce sang ne coulera pas sous ton règne... (ici la voix devint moins distincte) mais cinq règnes après. Malheur, malheur, malheur au sang de Wasa !

Alors les formes des nombreux personnages de cette étonnante assemblée commencèrent à devenir moins nettes et ne semblaient déjà plus que des ombres colorées, bientôt elles disparurent tout à fait ; les flambeaux fantastiques s'éteignirent, et ceux de Charles et de sa suite n'éclairèrent plus que les vieilles tapisseries, légèrement agitées par le vent. On entendit encore, pendant quelque temps, un bruit assez mélodieux, qu'un des témoins compara au murmure du vent dans les feuilles, et un autre, au son que rendent des cordes de harpe en cassant au moment où l'on accorde l'instrument. Tous furent d'accord sur la durée de l'apparition, qu'ils jugèrent avoir été d'environ dix minutes.

Les draperies noires, la tête coupée, les flots de sang qui teignaient le plancher, tout avait disparu avec les fantômes ; seulement la pantoufle de Charles conserva

---

11. Bien connue ? En fait, citée par Agrippa d'Aubigné dans ses *Aventures du baron de Fœneste.*

une tache rouge, qui seule aurait suffi pour lui rappeler les scènes de cette nuit, si elles n'avaient pas été trop bien gravées dans sa mémoire.

Rentré dans son cabinet, le roi fit écrire la relation de ce qu'il avait vu, la fit signer par ses compagnons, et la signa lui-même. Quelques précautions que l'on prît pour cacher le contenu de cette pièce au public, elle ne laissa pas d'être bientôt connue, même du vivant de Charles XI ; elle existe encore, et jusqu'à présent, personne ne s'est avisé d'élever des doutes sur son authenticité. La fin en est remarquable :

« Et, si ce que je viens de relater, dit le roi, n'est pas l'exacte vérité, je renonce à tout espoir d'une meilleure vie, laquelle je puis avoir méritée pour quelques bonnes actions, et surtout pour mon zèle à travailler au bonheur de mon peuple, et à défendre la religion de mes ancêtres. »

Maintenant, si l'on se rappelle la mort de Gustave III, et le jugement d'Ankarstroem, son assassin[12], on trouvera plus d'un rapport entre ces événements et les circonstances de cette singulière prophétie.

Le jeune homme décapité en présence des États aurait désigné Ankarstroem.

Le cadavre couronné serait Gustave III.

L'enfant, son fils et son successeur, Gustave-Adolphe IV.

Le vieillard, enfin, serait le duc de Sudermanie, oncle de Gustave IV, qui fut régent du royaume, puis enfin roi après la déposition de son neveu[13].

1829.

---

12. En 1792. — 13. Juste avant d'adopter, en 1810, le général français Bernadotte, qui lui succéda sur le trône en 1818.

LA VÉNUS D'ILLE

Ἴλεως, ἦν δ'ἐγὼ, ἔστω ὁ ἀνδρίας
χαὶ ἤπιος, οὕτως, ἀνδρεῖος ὤν.

ΛΟΤΚΙΔΝΟΤ ΦΙΛΟΨΕΤΔΗΣ[1].

Je descendais le dernier coteau du Canigou[2], et, bien que le soleil fût déjà couché, je distinguais dans la plaine les maisons de la petite ville d'Ille, vers laquelle je me dirigeais.

— Vous savez, dis-je au Catalan qui me servait de guide depuis la veille, vous savez sans doute où demeure monsieur de Peyrehorade ?

— Si je le sais ! s'écria-t-il, je connais sa maison comme la mienne ; et s'il ne faisait pas si noir, je vous la montrerais. C'est la plus belle d'Ille. Il a de l'argent, oui, monsieur de Peyrehorade ; et il marie son fils à plus riche que lui encore.

— Et ce mariage se fera-t-il bientôt ? lui demandai-je.

— Bientôt ! il se peut déjà que les violons soient commandés pour la noce. Ce soir, peut-être, demain, après-demain, que sais-je ! C'est à Puygarrig que ça se fera ; car c'est mademoiselle de Puygarrig que monsieur le fils épouse. Ce sera beau, oui !

J'étais recommandé à M. de Peyrehorade par mon ami M. de P. C'était, m'avait-il dit, un antiquaire[3] fort instruit et d'une complaisance à toute épreuve. Il se ferait un plaisir de me montrer toutes les ruines à dix lieues à la ronde. Or, je comptais sur lui pour visiter les environs d'Ille, que je savais riches en monuments antiques et du Moyen Age. Ce mariage, dont on me parlait alors pour la première fois, dérangeait tous mes plans.

---

1. « Que cette statue, dis-je alors, nous soit donc bienveillante et propice, puisqu'elle ressemble tant à un homme » (Lucien, *Le Menteur*, 19). — 2. Massif des Pyrénées Orientales. — 3. Érudit amateur des choses de l'Antiquité.

Je vais être un trouble-fête, me dis-je. Mais j'étais attendu ; annoncé par M. de P., il fallait bien me présenter.

— Gageons[4], monsieur, me dit mon guide, comme nous étions déjà dans la plaine, gageons un cigare que je devine ce que vous allez faire chez monsieur de Peyrehorade ?

— Mais, répondis-je en lui tendant un cigare, cela n'est pas bien difficile à deviner. À l'heure qu'il est, quand on a fait six lieues dans le Canigou, la grande affaire, c'est de souper.

— Oui, mais demain ?... Tenez, je parierais que vous venez à Ille pour voir l'idole ? j'ai deviné cela à vous voir tirer en portraits les saints[5] de Serrabona.

— L'idole ! quelle idole ? Ce mot avait excité ma curiosité.

— Comment ! on ne vous a pas conté, à Perpignan, comment monsieur de Peyrehorade avait trouvé une idole en terre ?

— Vous voulez dire une statue en terre cuite, en argile ?

— Non pas. Oui, bien en cuivre, et il y en a de quoi faire de gros sous. Elle vous pèse autant qu'une cloche d'église. C'est bien avant dans la terre, au pied d'un olivier, que nous l'avons eue.

— Vous étiez donc présent à la découverte ?

— Oui, monsieur. Monsieur de Peyrehorade nous dit, il y a quinze jours, à Jean Coll et à moi, de déraciner un vieil olivier qui était gelé de l'année dernière, car elle a été bien mauvaise, comme vous savez. Voilà donc qu'en travaillant, Jean Coll, qui y allait de tout cœur, il donne un coup de pioche, et j'entends bimm... comme s'il avait tapé sur une cloche. Qu'est-ce que c'est ? que je dis. Nous piochons toujours, nous piochons, et voilà qu'il paraît une main noire, qui semblait la main d'un mort qui sortait de terre. Moi, la peur me prend. Je m'en vais à monsieur, et je lui dis : — Des morts, notre maître, qui sont sous l'olivier ! Faut appeler le curé. — Quels morts ? qu'il me

---

4. Parions. — 5. Dessiner les personnages sculptés de l'église de...

dit. Il vient, et il n'a pas plus tôt vu la main qu'il s'écrie :
— Un antique ! un antique ! — Vous auriez cru qu'il
avait trouvé un trésor. Et le voilà, avec la pioche, avec
les mains, qu'il se démène et qui faisait quasiment autant
d'ouvrage que nous deux.

— Et enfin que trouvâtes-vous ?

— Une grande femme noire plus qu'à moitié nue,
révérence parler, monsieur, toute en cuivre, et monsieur
de Peyrehorade nous a dit que c'était une idole du temps
des païens... du temps de Charlemagne[6], quoi !

— Je vois ce que c'est... Quelque bonne Vierge en
bronze d'un couvent détruit.

— Une bonne Vierge ! ah bien oui !... Je l'aurais bien
reconnue, si ç'avait été une bonne Vierge. C'est une idole,
vous dis-je : on le voit bien à son air. Elle vous fixe avec
ses grands yeux blancs... On dirait qu'elle vous dévisage.
On baisse les yeux, oui, en la regardant.

— Des yeux blancs ? Sans doute ils sont incrustés dans
le bronze. Ce sera peut-être quelque statue romaine.

— Romaine ! c'est cela, Monsieur de Peyrehorade dit
que c'est une Romaine. Ah ! je vois bien que vous êtes
un savant comme lui.

— Est-elle entière, bien conservée ?

— Oh ! monsieur, il ne lui manque rien. C'est encore
plus beau et mieux que le buste de Louis-Philippe, qui
est à la mairie, en plâtre peint. Mais avec tout cela, la
figure de cette idole ne me revient pas. Elle a l'air
méchante... et elle l'est aussi.

— Méchante ! Quelle méchanceté vous a-t-elle faite ?

— Pas à moi précisément ; mais vous allez voir. Nous
nous étions mis à quatre pour la dresser debout, et monsieur de Peyrehorade, qui lui aussi tirait à la corde, bien
qu'il n'ait guère plus de force qu'un poulet, le digne
homme ! Avec bien de la peine nous la mettons droite.
J'amassais un tuileau pour la caler, quand, patatras ! la
voilà qui tombe à la renverse tout d'une masse. Je dis :

---

6. Confusion historique due à l'ignorance du guide.

Gare dessous ! Pas assez vite pourtant, car Jean Coll n'a pas eu le temps de tirer sa jambe...

— Et il a été blessé ?

— Cassée net comme un échalas, sa pauvre jambe ! Pécaïre ! quand j'ai vu cela, j'étais furieux. Je voulais défoncer l'idole à coups de pioche, mais monsieur de Peyrehorade m'a retenu. Il a donné de l'argent à Jean Coll, qui tout de même est encore au lit depuis quinze jours que cela lui est arrivé, et le médecin dit qu'il ne marchera jamais de cette jambe-là comme de l'autre. C'est dommage, lui qui était notre meilleur coureur et, après monsieur le fils, le plus malin joueur de paume. C'est que monsieur Alphonse de Peyrehorade en a été triste, car c'est Coll qui faisait sa partie. Voilà qui était beau à voir comme ils se renvoyaient les balles. Paf ! paf ! Jamais elles ne touchaient terre.

Devisant de la sorte, nous entrâmes à Ille, et je me trouvai bientôt en présence de M. de Peyrehorade. C'était un petit vieillard vert encore et dispos, poudré, le nez rouge, l'air jovial et goguenard. Avant d'avoir ouvert la lettre de M. de P., il m'avait installé devant une table bien servie, et m'avait présenté à sa femme et à son fils comme un archéologue illustre, qui devait tirer le Roussillon de l'oubli où le laissait l'indifférence des savants.

Tout en mangeant de bon appétit, car rien ne dispose mieux que l'air vif des montagnes, j'examinais mes hôtes. J'ai dit un mot de M. de Peyrehorade ; je dois ajouter que c'était la vivacité même. Il parlait, mangeait, se levait, courait à sa bibliothèque, m'apportait des livres, me montrait des estampes, me versait à boire ; il n'était jamais deux minutes en repos. Sa femme, un peu trop grasse, comme le plupart des Catalanes lorsqu'elles ont passé quarante ans, me parut une provinciale renforcée, uniquement occupée des soins du ménage. Bien que le souper fût suffisant pour six personnes au moins, elle courut à la cuisine, fit tuer des pigeons, frire des miliasses[7], ouvrit

---

7. Gâteaux de farine de maïs.

Patatras ! la voilà qui tombe à la renverse tout d'une masse... Jean Coll n'a pas eu le temps de tirer sa jambe... (cf. pp. 13-14).
Illustration de Mariano Andreu, 1961. Ed. Les Bibliophiles du Palais. Bibliothèque Nationale, Paris, Ph. © Bibl. Nat. — Photeb. Droits réservés.

je ne sais combien de pots de confitures. En un instant la table fut encombrée de plats et de bouteilles, et je serais certainement mort d'indigestion si j'avais goûté seulement à tout ce qu'on m'offrait. Cependant, à chaque plat que je refusais, c'étaient de nouvelles excuses. On craignait que je ne me trouvasse bien mal à Ille. Dans la province on a si peu de ressources, et les Parisiens sont si difficiles !

Au milieu des allées et venues de ses parents, M. Alphonse de Peyrehorade ne bougeait pas plus qu'un Terme[8]. C'était un grand jeune homme de vingt-six ans, d'une physionomie belle et régulière, mais manquant d'expression. Sa taille et ses formes athlétiques justifiaient bien la réputation d'infatigable joueur de paume qu'on lui faisait dans le pays. Il était ce soir-là habillé avec élégance, exactement d'après la gravure du dernier numéro du *Journal des Modes*. Mais il me semblait gêné dans ses vêtements ; il était raide comme un piquet dans son col de velours, et ne se tournait que tout d'une pièce. Ses mains grosses et hâlées, ses ongles courts contrastaient singulièrement avec son costume. C'étaient des mains de laboureur sortant des manches d'un dandy[9]. D'ailleurs, bien qu'il me considérât de la tête aux pieds fort curieusement, en ma qualité de Parisien, il ne m'adressa qu'une seule fois la parole dans toute la soirée, ce fut pour me demander où j'avais acheté la chaîne de ma montre.

— Ah çà ! mon cher hôte, me dit M. de Peyrehorade, le souper tirant à sa fin, vous m'appartenez, vous êtes chez moi. Je ne vous lâche plus, sinon quand vous aurez vu tout ce que nous avons de curieux dans nos montagnes. Il faut que vous appreniez à connaître notre Roussillon, et que vous lui rendiez justice. Vous ne vous doutez pas de tout ce que nous allons vous montrer. Monuments phéniciens, celtiques, romains, arabes, byzantins, vous verrez tout, depuis le cèdre jusqu'à l'hysope. Je vous mènerai partout et ne vous ferai pas grâce d'une brique.

---

8. Antique borne des champs, avec un buste du dieu Terme. — 9. Homme à l'habillement recherché.

Un accès de toux l'obligea de s'arrêter. J'en profitai pour lui dire que je serais désolé de le déranger dans une circonstance aussi intéressante pour sa famille. S'il voulait bien me donner ses excellents conseils sur les excursions que j'aurais à faire, je pourrais, sans qu'il prît la peine de m'accompagner...

— Ah ! vous voulez parler du mariage de ce garçon-là, s'écria-t-il en m'interrompant. Bagatelle, ce sera fait après-demain. Vous ferez la noce avec nous, en famille, car la future est en deuil d'une tante dont elle hérite. Ainsi point de fête, point de bal... C'est dommage... vous auriez vu danser nos Catalanes... Elles sont jolies, et peut-être l'envie vous aurait-elle pris d'imiter mon Alphonse. Un mariage, dit-on, en amène d'autres... Samedi, les jeunes gens mariés, je suis libre, et nous nous mettons en course. Je vous demande pardon de vous donner l'ennui d'une noce de province. Pour un Parisien blasé sur les fêtes... et une noce sans bal encore ! Pourtant, vous verrez une mariée... une mariée... vous m'en direz des nouvelles... Mais vous êtes un homme grave et vous ne regardez plus les femmes. J'ai mieux que cela à vous montrer. Je vous ferai voir quelque chose !... Je vous réserve une fière surprise pour demain.

— Mon Dieu ! lui dis-je, il est difficile d'avoir un trésor dans sa maison sans que le public en soit instruit. Je crois deviner la surprise que vous me préparez. Mais si c'est de votre statue qu'il s'agit, la description que mon guide m'en a faite n'a servi qu'à exciter ma curiosité et à me disposer à l'admiration.

— Ah ! il vous a parlé de l'idole, car c'est ainsi qu'ils appellent ma belle Vénus Tur... mais je ne veux rien vous dire. Demain, au grand jour, vous la verrez, et vous me direz si j'ai raison de la croire un chef-d'œuvre. Parbleu ! vous ne pouviez arriver plus à propos ! Il y a des inscriptions que moi, pauvre ignorant, j'explique à ma manière... mais un savant de Paris !... Vous vous moquerez peut-être de mon interprétation... car j'ai fait un mémoire... moi qui vous parle... vieil antiquaire de province, je me suis lancé... Je veux faire gémir la presse..: Si vous vouliez bien me lire et me corriger, je pourrais espérer... Par exemple, je suis bien curieux de savoir comment vous traduirez cette inscription sur le socle : *CAVE*...[10] Mais je ne veux rien vous demander encore ! À demain, à demain ! Pas un mot sur la Vénus aujourd'hui.

— Tu as raison, Peyrehorade, dit sa femme, de laisser là ton idole. Tu devrais voir que tu empêches monsieur de manger. Va, monsieur a vu à Paris de bien plus belles statues que la tienne. Aux Tuileries, il y en a des douzaines, et en bronze aussi.

— Voilà bien l'ignorance, la sainte ignorance de la province ! interrompit M. de Peyrehorade. Comparer un antique admirable aux plates figures de Coustou[11] !

> Comme avec irrévérence
> Parle des dieux ma ménagère[12] !

Savez-vous que ma femme voulait que je fondisse ma statue pour en faire une cloche à notre église ? C'est qu'elle en eût été la marraine. Un chef-d'œuvre de Myron[13], monsieur !

— Chef-d'œuvre ! chef-d'œuvre ! un beau chef-d'œuvre qu'elle a fait ! casser la jambe d'un homme !

— Ma femme, vois-tu ? dit M. de Peyrehorade d'un ton résolu, et tendant vers elle sa jambe droite dans un bas de soie chinée, si ma Vénus m'avait cassé cette jambe-là, je ne le regretterais pas.

— Bon Dieu ! Peyrehorade, comment peux-tu dire cela ! Heureusement que l'homme va mieux... Et encore je ne peux pas prendre sur moi de regarder la statue qui fait des malheurs comme celui-là. Pauvre Jean Coll !

— Blessé par Vénus, monsieur, dit M. de Peyrehorade riant d'un gros rire, blessé par Vénus, le maraud se plaint :

> *Veneris nec præmia noris* [14].

---

10. Latin : « Prends garde... » — 11. Sculpteur français du XVIIIe s. — 12. Parodie de l'*Amphitryon* de Molière (I,2). — 13. Sculpteur grec, auteur du *Discobole* (Ve s. av. J.-C.). — 14. « Tu ne connaîtras pas les présents de Vénus » (Virgile, *Énéide*, IV, v. 33).

Qui n'a pas été blessé par Vénus ?

M. Alphonse, qui comprenait le français mieux que le latin, cligna de l'œil d'un air d'intelligence, et me regarda comme pour me demander : Et vous, Parisien, comprenez-vous ?

Le souper finit. Il y avait une heure que je ne mangeais plus. J'étais fatigué, et je ne pouvais parvenir à cacher les fréquents bâillements qui m'échappaient. Madame de Peyrehorade s'en aperçut la première, et remarqua qu'il était temps d'aller dormir. Alors commencèrent de nouvelles excuses sur le mauvais gîte que j'allais avoir. Je ne serais pas comme à Paris. En province on est si mal ! Il fallait de l'indulgence pour les Roussillonnais. J'avais beau protester qu'après une course dans les montagnes, une botte de paille me serait un coucher délicieux, on me priait toujours de pardonner à de pauvres campagnards s'ils ne me traitaient pas aussi bien qu'ils l'eussent désiré. Je montai enfin à la chambre qui m'était destinée, accompagné de M. de Peyrehorade. L'escalier, dont les marches supérieures étaient en bois, aboutissait au milieu d'un corridor, sur lequel donnaient plusieurs chambres.

— À droite, me dit mon hôte, c'est l'appartement que je destine à la future madame Alphonse. Votre chambre est au bout du corridor opposé. Vous sentez bien, ajouta-t-il d'un air qu'il voulait rendre fin, vous sentez bien qu'il faut isoler de nouveaux mariés. Vous êtes à un bout de la maison, eux à l'autre.

Nous entrâmes dans une chambre bien meublée, où le premier objet sur lequel je portai la vue fut un lit long de sept pieds, large de six, et si haut qu'il fallait un escabeau pour s'y guinder. Mon hôte m'ayant indiqué la position de la sonnette, et s'étant assuré par lui-même que le sucrier était plein, les flacons d'eau de Cologne dûment placés sur la toilette, après m'avoir demandé plusieurs fois si rien ne manquait, me souhaita une bonne nuit et me laissa seul.

Les fenêtres étaient fermées. Avant de me déshabiller, j'en ouvris une pour respirer l'air frais de la nuit, délicieux après un long souper. En face était le Canigou, d'un aspect admirable en tout temps, mais qui me parut ce soir-là la plus belle montagne du monde, éclairé qu'il était par une lune resplendissante. Je demeurai quelques minutes à contempler sa silhouette merveilleuse, et j'allais fermer ma fenêtre, lorsque, baissant les yeux, j'aperçus la statue sur un piédestal à une vingtaine de toises de la maison. Elle était placée à l'angle d'une haie vive qui séparait un petit jardin d'un vaste carré parfaitement uni qui, je l'appris plus tard, était le jeu de paume de la ville. Ce terrain, propriété de M. de Peyrehorade, avait été cédé par lui à la commune, sur les pressantes sollicitations de son fils.

À la distance où j'étais, il m'était difficile de distinguer l'attitude de la statue ; je ne pouvais juger que de sa hauteur, qui me parut de six pieds environ. En ce moment, deux polissons de la ville passaient sur le jeu de paume, assez près de la haie, sifflant le joli air du Roussillon : *Montagnes régalades* [15]. Ils s'arrêtèrent pour regarder la statue ; un d'eux l'apostropha même à haute voix. Il parlait catalan ; mais j'étais dans le Roussillon depuis assez longtemps pour pouvoir comprendre à peu près ce qu'il disait.

— Te voilà donc, coquine ! (Le terme catalan était plus énergique.) Te voilà, disait-il. C'est donc toi qui as cassé la jambe à Jean Coll ! Si tu étais à moi, je te casserais le cou.

— Bah ! avec quoi ? dit l'autre. Elle est de cuivre, et si dure qu'Étienne a cassé sa lime dessus, essayant de l'entamer. C'est du cuivre du temps des païens ; c'est plus dur que je ne sais quoi.

— Si j'avais mon ciseau à froid (il paraît que c'était un apprenti serrurier), je lui ferais bientôt sauter ses grands yeux blancs, comme je tirerais une amande de sa coquille. Il y a pour plus de cent sous d'argent.

Ils firent quelques pas en s'éloignant.

---

15. « Montagnes fortunées » (adaptation française).

— Il faut que je souhaite le bonsoir à l'idole, dit le plus grand des apprentis, s'arrêtant tout à coup.

Il se baissa, et probablement ramassa une pierre. Je le vis déployer le bras, lancer quelque chose, et aussitôt un coup sonore retentit sur le bronze. Au même instant l'apprenti porta la main à sa tête en poussant un cri de douleur.

— Elle me l'a rejetée ! s'écria-t-il.

Et mes deux polissons prirent la fuite à toutes jambes. Il était évident que la pierre avait rebondi sur le métal, et avait puni ce drôle de l'outrage qu'il faisait à la déesse. Je fermai la fenêtre en riant de bon cœur.

— Encore un Vandale puni par Vénus. Puissent tous les destructeurs de nos vieux monuments avoir ainsi la tête cassée !

Sur ce souhait charitable, je m'endormis.

Il était grand jour quand je me réveillai. Auprès de mon lit étaient, d'un côté, M. de Peyrehorade, en robe de chambre ; de l'autre un domestique envoyé par sa femme, une tasse de chocolat à la main.

— Allons, debout, Parisien ! Voilà bien mes paresseux de la capitale ! disait mon hôte pendant que je m'habillais à la hâte. Il est huit heures, et encore au lit ! je suis levé, moi, depuis six heures. Voilà trois fois que je monte, je me suis approché de votre porte sur la pointe du pied : personne, nul signe de vie. Cela vous fera mal de trop dormir à votre âge. Et ma Vénus que vous n'avez pas encore vue. Allons, prenez-moi vite cette tasse de chocolat de Barcelone... Vraie contrebande. Du chocolat comme on n'en a pas à Paris. Prenez des forces car, lorsque vous serez devant ma Vénus, on ne pourra plus vous en arracher.

En cinq minutes je fus prêt, c'est-à-dire à moitié rasé, mal boutonné, et brûlé par le chocolat que j'avalai bouillant. Je descendis dans le jardin, et me trouvai devant une admirable statue.

C'était bien une Vénus, et d'une merveilleuse beauté. Elle avait le haut du corps nu, comme les anciens représentaient d'ordinaire les grandes divinités ; la main droite, levée à la hauteur du sein, était tournée, la paume en dedans, le pouce et les deux premiers doigts étendus, les deux autres légèrement ployés. L'autre main, rapprochée de la hanche, soutenait la draperie qui couvrait la partie inférieure du corps. L'attitude de cette statue rappelait celle du Joueur de mourre[16] qu'on désigne, je ne sais trop pourquoi, sous le nom de Germanicus. Peut-être avait-on voulu représenter la déesse au jeu de mourre.

Quoi qu'il en soit, il est impossible de voir quelque chose de plus parfait que le corps de cette Vénus ; rien de plus suave, de plus voluptueux que ses contours ; rien de plus élégant et de plus noble que sa draperie. Je m'attendais à quelque ouvrage du Bas-Empire ; je voyais un chef-d'œuvre du meilleur temps de la statuaire. Ce qui me frappait surtout, c'était l'exquise vérité des formes, en sorte qu'on aurait pu les croire moulées sur nature, si la nature produisait d'aussi parfaits modèles.

La chevelure, relevée sur le front, paraissait avoir été dorée autrefois. La tête, petite comme celle de presque toutes les statues grecques, était légèrement inclinée en avant. Quant à la figure, jamais je ne parviendrai à exprimer son caractère étrange, et dont le type ne se rapprochait de celui d'aucune statue antique dont il me souvienne. Ce n'était point cette beauté calme et sévère des sculpteurs grecs qui, par système, donnaient à tous les traits une majestueuse immobilité. Ici, au contraire, j'observais avec surprise l'intention marquée de l'artiste de rendre la malice arrivant jusqu'à la méchanceté. Tous les traits étaient contractés légèrement : les yeux un peu obliques, la bouche relevée des coins, les narines quelque peu gonflées. Dédain, ironie, cruauté, se lisaient sur ce visage d'une incroyable beauté cependant. En vérité, plus on regardait cette admirable statue, et plus on éprouvait le

---

16. Jeu méditerranéen où l'on doit deviner immédiatement combien de doigts levés présente la main, brusquement montrée, du partenaire.

sentiment pénible qu'une si merveilleuse beauté pût s'allier à l'absence de toute sensibilité.

— Si le modèle a jamais existé, dis-je à M. de Peyrehorade, et je doute que le ciel ait jamais produit une telle femme, que je plains ses amants ! Elle a dû se complaire à les faire mourir de désespoir. Il y a dans son expression quelque chose de féroce, et pourtant je n'ai jamais vu rien de si beau.

C'est Vénus tout entière à sa proie attachée[17].

s'écria M. de Peyrehorade, satisfait de mon enthousiasme.

Cette expression d'ironie infernale était augmentée peut-être par le contraste de ses yeux incrustés d'argent et très brillants avec la patine d'un vert noirâtre que le temps avait donnée à toute la statue. Ces yeux brillants produisaient une certaine illusion qui rappelait la réalité, la vie. Je me souvins de ce que m'avait dit mon guide, qu'elle faisait baisser les yeux à ceux qui la regardaient. Cela était presque vrai, et je ne pus me défendre d'un mouvement de colère contre moi-même en me sentant un peu mal à mon aise devant cette figure de bronze.

— Maintenant que vous avez tout admiré en détail, mon cher collègue en antiquaillerie, dit mon hôte, ouvrons, s'il vous plaît, une conférence scientifique. Que dites-vous de cette inscription, à laquelle vous n'avez point pris garde encore ?

Il me montrait le socle de la statue, et j'y lus ces mots :

CAVE AMANTEM

— *Quid dicis, doctissime* [18] ? me demanda-t-il en se frottant les mains. Voyons si nous nous rencontrerons sur le sens de ce *cave amantem* !

— Mais, répondis-je, il y a deux sens. On peut traduire : « Prends garde à celui qui t'aime, défie-toi des amants. » Mais, dans ce sens, je ne sais si *cave amantem*

---

17. Racine, *Phèdre*, I, 3. — 18. « Qu'en dis-tu, grand savant ? » : apostrophe latine jadis en usage dans les soutenances de thèse.

serait d'une bonne latinité. En voyant l'expression diabolique de la dame, je croirais plutôt que l'artiste a voulu mettre en garde le spectateur contre cette terrible beauté. Je traduirais donc : « Prends garde à toi si *elle* t'aime. »

— Humph ! dit M. de Peyrehorade, oui, c'est un sens admissible : mais, ne vous déplaise, je préfère la première traduction, que je développerai pourtant. Vous connaissez l'amant de Vénus ?

— Il y en a plusieurs.

— Oui ; mais le premier, c'est Vulcain. N'a-t-on pas voulu dire : « Malgré toute ta beauté, ton air dédaigneux, tu auras un forgeron, un vilain boiteux pour amant » ? Leçon profonde, monsieur, pour les coquettes !

Je ne pus m'empêcher de sourire, tant l'explication me parut tirée par les cheveux.

— C'est une terrible langue que le latin avec sa concision, observai-je pour éviter de contredire formellement mon antiquaire, et je reculai de quelques pas afin de mieux contempler la statue.

— Un instant, collègue ! dit M. de Peyrehorade en m'arrêtant par le bras, vous n'avez pas tout vu. Il y a encore une autre inscription. Montez sur le socle et regardez au bras droit. En parlant ainsi, il m'aidait à monter.

Je m'accrochai sans trop de façon au cou de la Vénus, avec laquelle je commençais à me familiariser. Je la regardai même un instant *sous le nez*, et la trouvai de près encore plus méchante et encore plus belle. Puis je reconnus qu'il y avait, gravés sur le bras, quelques caractères d'écriture cursive antique, à ce qu'il me sembla. À grand renfort de besicles j'épelai ce qui suit, et cependant M. de Peyrehorade répétait chaque mot à mesure que je le prononçais, approuvant du geste et de la voix. Je lus donc :

VENERI TVRBVL...
EVTYCHES MYRO
IMPERIO FECIT.

Après ce mot *TVRBVL* de la première ligne, il me

sembla qu'il y avait quelques lettres effacées ; mais *TVRBVL* était parfaitement lisible.

— Ce qui veut dire ?... me demanda mon hôte radieux et souriant avec malice, car il pensait bien que je ne me tirerais pas facilement de ce *TVRBVL*.

— Il y a un mot que je ne m'explique pas encore, lui dis-je : tout le reste est facile. Eutychès Myron a fait cette offrande à Vénus par son ordre.

— À merveille. Mais *TVRBVL*, qu'en faites-vous ? Qu'est-ce que *TVRBVL* ?

— *TVRBVL* m'embarrasse fort. Je cherche en vain quelque épithète connue de Vénus qui puisse m'aider. Voyons, que diriez-vous de *TVRBVLENTA* ? Vénus qui trouble, qui agite...Vous vous apercevez que je suis toujours préoccupé de son expression méchante. *TVRBVLENTA,* ce n'est point une trop mauvaise épithète pour Vénus, ajoutai-je d'un ton modeste, car je n'étais pas moi-même fort satisfait de mon explication.

— Vénus turbulente ! Vénus la tapageuse ! Ah ! vous croyez donc que ma Vénus est une Vénus de cabaret ? Point du tout, monsieur ; c'est une Vénus de bonne compagnie. Mais je vais vous expliquer ce *TVRBVL*... Au moins vous me promettez de ne point divulguer ma découverte avant l'impression de mon mémoire. C'est que, voyez-vous, je m'en fais gloire, de cette trouvaille-là... Il faut bien que vous nous laissiez quelques épis à glaner, à nous autres pauvres diables de provinciaux. Vous êtes si riches, messieurs les savants de Paris !

Du haut du piédestal, où j'étais toujours perché, je lui promis solennellement que je n'aurais jamais l'indignité de lui voler sa découverte.

— *TVRBVL...*, monsieur, dit-il en se rapprochant et baissant la voix de peur qu'un autre que moi ne pût l'entendre, lisez *TVRBVLNERAE* .

— Je ne comprends pas davantage.

— Écoutez bien. À une lieue d'ici, au pied de la montagne, il y a un village qui s'appelle Boulternère. C'est une corruption du mot latin *TVRBVLNERA*. Rien de plus commun que ces inversions. Boulternère, monsieur, a été une ville romaine. Je m'en étais toujours douté, mais jamais je n'en avais eu la preuve. La preuve, la voilà. Cette Vénus était la divinité topique de la cité de Boulternère, et ce mot de Boulternère, que je viens de démontrer d'origine antique, prouve une chose bien plus curieuse, c'est que Boulternère, avant d'être une ville romaine, a été une ville phénicienne !

Il s'arrêta un moment pour respirer et jouir de ma surprise. Je parvins à réprimer une forte envie de rire.

— En effet, poursuivit-il, *TVRBVLNERA* est pur phénicien, *TVR*, prononcez *TOUR*... *TOUR* et *SOUR*, même mot, n'est-ce pas ? *SOUR* est le nom phénicien de Tyr ; je n'ai pas besoin de vous en rappeler le sens. *BVL,* c'est Ball, Bâl, Bel, Bul, légères différences de prononciation. Quant à *NERA*, cela me donne un peu de peine. Je suis tenté de croire, faute de trouver un mot phénicien, que cela vient du grec νηρός, humide, marécageux. Ce serait donc un mot hybride. Pour justifier νηρός, je vous montrerai à Boulternère comment les ruisseaux de la montagne y forment des mares infectes. D'autre part, la terminaison *NERA* aurait pu être ajoutée beaucoup plus tard en l'honneur de Nera Pivesuvia, femme de Tétricus, laquelle aurait fait quelque bien à la cité de Turbul. Mais à cause des mares, je préfère l'étymologie de νηρός.

Il prit une prise de tabac d'un air satisfait.

— Mais laissons les Phéniciens, et revenons à l'inscription. Je traduis donc : À Vénus de Boulternère Myron dédie par son ordre cette statue, son ouvrage.

Je me gardai bien de critiquer son étymologie, mais je voulus à mon tour faire preuve de pénétration, et je lui dis :

— Halte-là, monsieur. Myron a consacré quelque chose, mais je ne vois nullement que ce soit cette statue.

— Comment ! s'écria-t-il, Myron n'était-il pas un fameux sculpteur grec ? Le talent se sera perpétué dans sa famille : c'est un de ses descendants qui aura fait cette statue. Il n'y a rien de plus sûr.

LA VÉNUS D'ILLE

— Mais, répliquai-je, je vois sur le bras un petit trou. Je pense qu'il a servi à fixer quelque chose, un bracelet, par exemple, que ce Myron donna à Vénus en offrande expiatoire. Myron était un amant malheureux. Vénus était irritée contre lui : il l'apaisa en lui consacrant un bracelet d'or. Remarquez que *fecit* se prend fort souvent pour *consecravit*. Ce sont termes synonymes. Je vous en montrerais plus d'un exemple si j'avais sous la main Gruter ou bien Orelli[19]. Il est naturel qu'un amoureux voie Vénus en rêve, qu'il s'imagine qu'elle lui commande de donner un bracelet d'or à sa statue. Myron lui consacra un bracelet... Puis les barbares ou bien quelque voleur sacrilège...

— Ah ! qu'on voit bien que vous avez fait des romans ! s'écria mon hôte en me donnant la main pour descendre. Non, monsieur, c'est un ouvrage de l'école de Myron. Regardez seulement le travail, et vous en conviendrez.

M'étant fait une loi de ne jamais contredire à outrance les antiquaires entêtés, je baissai la tête d'un air convaincu en disant :

— C'est un admirable morceau.

— Ah ! mon Dieu, s'écria M. de Peyrehorade, encore un trait de vandalisme ! On aura jeté une pierre à ma statue !

Il venait d'apercevoir une marque blanche un peu au-dessus du sein de la Vénus. Je remarquai une trace semblable sur les doigts de la main droite qui, je le supposai alors, avaient été touchés dans le trajet de la pierre, ou bien un fragment s'en était détaché par le choc et avait ricoché sur la main. Je contai à mon hôte l'insulte dont j'avais été témoin et la prompte punition qui s'en était suivie. Il en rit beaucoup et, comparant l'apprenti à Diomède, il lui souhaita de voir, comme le héros grec, tous ses compagnons changés en oiseaux blancs[20].

La cloche du déjeuner interrompit cet entretien classique et, de même que la veille, je fus obligé de manger

---

19. Philologues de l'époque, auteurs de traités. — 20. Vénus se vengea de Diomède par cette métamorphose.

comme quatre. Puis vinrent des fermiers de M. de Peyrehorade ; et, pendant qu'il leur donnait audience, son fils me mena voir une calèche qu'il avait achetée à Toulouse pour sa fiancée, et que j'admirai, cela va sans dire. Ensuite j'entrai avec lui dans l'écurie, où il me tint une demi-heure à me vanter ses chevaux, à me faire leur généalogie, à me conter les prix qu'ils avaient gagnés aux courses du département. Enfin, il en vint à me parler de sa future, par la transition d'une jument grise qu'il lui destinait.

— Nous la verrons aujourd'hui, dit-il. Je ne sais si vous la trouverez jolie. Vous êtes difficiles, à Paris ; mais tout le monde, ici et à Perpignan, la trouve charmante. Le bon, c'est qu'elle est fort riche. Sa tante de Prades lui a laissé son bien. Oh ! je vais être fort heureux.

Je fus profondément choqué de voir un jeune homme paraître plus touché de la dot que des beaux yeux de sa future.

— Vous vous connaissez en bijoux, poursuivit M. Alphonse, comment trouvez-vous ceci ? Voici l'anneau que je lui donnerai demain.

En parlant ainsi, il tirait de la première phalange de son petit doigt une grosse bague enrichie de diamants, et formée de deux mains entrelacées ; allusion qui me parut infiniment poétique. Le travail en était ancien, mais je jugeai qu'on l'avait retouchée pour enchâsser les diamants. Dans l'intérieur de la bague se lisaient ces mots en lettres gothiques : *Sempr'ab ti,* c'est-à-dire, toujours avec toi.

— C'est une jolie bague, lui dis-je ; mais ces diamants ajoutés lui ont fait perdre un peu de son caractère.

— Oh ! elle est bien plus belle comme cela, répondit-il en souriant. Il y a là pour douze cents francs de diamants. C'est ma mère qui me l'a donnée. C'était une bague de famille très ancienne... du temps de la chevalerie. Elle avait servi à ma grand-mère, qui la tenait de la sienne. Dieu sait quand cela a été fait.

— L'usage à Paris, lui dis-je, est de donner un anneau tout simple, ordinairement composé de deux métaux dif-férents, comme de l'or et du platine. Tenez, cette autre bague, que vous avez à ce doigt, serait fort convenable. Celle-ci, avec ses diamants et ses mains en relief, est si grosse qu'on ne pourrait mettre un gant par-dessus.

— Oh ! madame Alphonse s'arrangera comme elle voudra. Je crois qu'elle sera toujours bien contente de l'avoir. Douze cents francs au doigt, c'est agréable. Cette petite bague-là, ajouta-t-il en regardant d'un air de satisfaction l'anneau tout uni qu'il portait à la main, celle-là, c'est une femme à Paris qui me l'a donnée un jour de mardi gras. Ah ! comme je m'en suis donné quand j'étais à Paris, il y a deux ans ! C'est là qu'on s'amuse !... Et il soupira de regret.

Nous devions dîner ce jour-là à Puygarrig, chez les parents de la future ; nous montâmes en calèche, et nous nous rendîmes au château, éloigné d'Ille d'environ une lieue et demie. Je fus présenté et accueilli comme l'ami de la famille. Je ne parlerai pas du dîner ni de la conversation qui s'ensuivit, et à laquelle je pris peu de part. M. Alphonse, placé à côté de sa future, lui disait un mot à l'oreille tous les quarts d'heure. Pour elle, elle ne levait guère les yeux et, chaque fois que son prétendu lui parlait, elle rougissait avec modestie, mais lui répondait sans embarras.

Mademoiselle de Puygarrig avait dix-huit ans, sa taille souple et délicate contrastait avec les formes osseuses de son robuste fiancé. Elle était non seulement belle, mais séduisante. J'admirais le naturel parfait de toutes ses réponses ; et son air de bonté, qui pourtant n'était pas exempt d'une légère teinte de malice, me rappela, malgré moi, la Vénus de mon hôte. Dans cette comparaison que je fis en moi-même, je me demandais si la supériorité de beauté qu'il fallait bien accorder à la statue ne tenait pas, en grande partie, à son expression de tigresse ; car l'énergie, même dans les mauvaises passions, excite toujours en nous un étonnement et une espèce d'admiration involontaire.

— Quel dommage, me dis-je en quittant Puygarrig, qu'une si aimable personne soit riche, et que sa dot la fasse rechercher par un homme indigne d'elle !

En revenant à Ille, et ne sachant trop que dire à madame de Peyrehorade, à qui je croyais convenable d'adresser quelquefois la parole :

— Vous êtes bien esprits forts en Roussillon ! m'écriai-je ; comment, madame, vous faites un mariage un vendredi ! À Paris nous aurions plus de superstition ; personne n'oserait prendre femme un tel jour.

— Mon Dieu ! ne m'en parlez pas, me dit-elle, si cela n'avait dépendu que de moi, certes on eût choisi un autre jour. Mais Peyrehorade l'a voulu, et il a fallu lui céder. Cela me fait de la peine pourtant. S'il arrivait quelque malheur ? Il faut bien qu'il y ait une raison, car enfin pourquoi tout le monde a-t-il peur du vendredi ?

— Vendredi ! s'écria son mari, c'est le jour de Vénus ! Bon jour pour un mariage ! Vous le voyez, mon cher collègue, je ne pense qu'à ma Vénus. D'honneur ! c'est à cause d'elle que j'ai choisi le vendredi. Demain, si vous voulez, avant la noce, nous lui ferons un petit sacrifice, nous sacrifierons deux palombes et, si je savais où trouver de l'encens...

— Fi donc, Peyrehorade ! interrompit sa femme scandalisée au dernier point. Encenser une idole ! Ce serait une abomination ! Que dirait-on de nous dans le pays ?

— Au moins, dit M. de Peyrehorade, tu me permettras de lui mettre sur la tête une couronne de roses et de lis :

Manibus date lilia plenis [21].

Vous le voyez, monsieur, la charte est un vain mot. Nous n'avons pas la liberté des cultes !

Les arrangements du lendemain furent réglés de la manière suivante. Tout le monde devait être prêt et en toilette à dix heures précises. Le chocolat pris, on se rendrait en voiture à Puygarrig. Le mariage civil devait se faire à la mairie du village, et la cérémonie religieuse dans la chapelle du château. Viendrait ensuite un déjeu-

---

21. « Donnez des lis à pleines mains » (Virgile, *Énéide*, VI, v. 883).

ner. Après le déjeuner on passerait le temps comme l'on pourrait jusqu'à sept heures. À sept heures, on retournerait à Ille, chez M. de Peyrehorade, où devaient souper les deux familles réunies. Le reste s'ensuit naturellement. Ne pouvant danser, on avait voulu manger le plus possible.

Dès huit heures, j'étais assis devant la Vénus, un crayon à la main, recommençant pour la vingtième fois la tête de la statue, sans pouvoir parvenir à en saisir l'expression M. de Peyrehorade allait et venait autour de moi, me donnait des conseils, me répétait ses étymologies phéniciennes ; puis disposait des roses du Bengale sur le piédestal de la statue, et d'un ton tragi-comique lui adressait des vœux pour le couple qui allait vivre sous son toit. Vers neuf heures il rentra pour songer à sa toilette, et en même temps parut M. Alphonse, bien serré dans un habit neuf, en gants blancs, souliers vernis, boutons ciselés, une rose à la boutonnière.

— Vous ferez le portrait de ma femme ? me dit-il en se penchant sur mon dessin. Elle est jolie aussi.

En ce moment commençait, sur le jeu de paume dont j'ai parlé, une partie qui, sur-le-champ, attira l'attention de M. Alphonse. Et moi, fatigué, et désespérant de rendre cette diabolique figure, je quittai bientôt mon dessin pour regarder les joueurs. Il y avait parmi eux quelques muletiers espagnols arrivés de la veille. C'étaient des Aragonais et des Navarrois, presque tous d'une adresse merveilleuse. Aussi les Illois, bien qu'encouragés par la présence et les conseils de M. Alphonse, furent-ils assez promptement battus par ces nouveaux champions. Les spectateurs nationaux étaient consternés. M. Alphonse regarda sa montre. Il n'était encore que neuf heures et demie. Sa mère n'était pas coiffée. Il n'hésita plus : il ôta son habit, demanda une veste, et défia les Espagnols. Je le regardais faire en souriant, et un peu surpris.

— Il faut soutenir l'honneur du pays, dit-il.

Alors je le trouvai vraiment beau. Il était passionné. Sa toilette, qui l'occupait si fort tout à l'heure, n'était plus rien pour lui. Quelques minutes avant, il eût craint de tourner la tête de peur de déranger sa cravate. Maintenant il ne pensait plus à ses cheveux frisés ni à son jabot si bien plissé. Et sa fiancée ?... Ma foi, si cela eût été nécessaire, il aurait, je crois, fait ajourner le mariage. Je le vis chausser à la hâte une paire de sandales, retrousser ses manches et, d'un air assuré, se mettre à la tête du parti vaincu, comme César ralliant ses soldats à Dyrrachium[22]. Je sautai la haie, et me plaçai commodément à l'ombre d'un micocoulier, de façon à bien voir les deux camps.

Contre l'attente générale, M. Alphonse manqua la première balle ; il est vrai qu'elle vint rasant la terre et lancée avec une force surprenante par un Aragonais qui paraissait être le chef des Espagnols.

C'était un homme d'une quarantaine d'années, sec et nerveux, haut de six pieds, et sa peau olivâtre avait une teinte presque aussi foncée que le bronze de la Vénus.

M. Alphonse jeta sa raquette à terre avec fureur.

— C'est cette maudite bague, s'écria-t-il, qui me serre le doigt et me fait manquer une balle sûre !

Il ôta, non sans peine, sa bague de diamants : je m'approchais pour la recevoir ; mais il me prévint, courut à la Vénus, lui passa la bague au doigt annulaire, et reprit son poste à la tête des Illois.

Il était pâle, mais calme et résolu. Dès lors il ne fit plus une seule faute, et les Espagnols furent battus complètement. Ce fut un beau spectacle que l'enthousiasme des spectateurs : les uns poussaient mille cris de joie en jetant leurs bonnets en l'air ; d'autres lui serraient les mains, l'appelant l'honneur du pays. S'il eût repoussé une invasion, je doute qu'il eût reçu des félicitations plus vives et plus sincères. Le chagrin des vaincus ajoutait encore à l'éclat de sa victoire.

— Nous ferons d'autres parties, mon brave, dit-il à

---

22. Alors Durazzo, aujourd'hui Durrës, port de l'Albanie (autrefois appelée Illyrie).

LA VÉNUS D'ILLE   33

l'Aragonais d'un ton de supériorité ; mais je vous rendrai des points[23].

J'aurais désiré que M. Alphonse fût plus modeste, et je fus presque peiné de l'humiliation de son rival.

Le géant espagnol ressentit profondément cette insulte. Je le vis pâlir sous sa peau basanée. Il regardait d'un air morne sa raquette en serrant les dents ; puis, d'une voix étouffée, il dit tout bas : *Me lo pagaràs*[24].

La voix de M. Peyrehorade troubla le triomphe de son fils : mon hôte, fort étonné de ne point le trouver présidant aux apprêts de la calèche neuve, le fut bien plus encore en le voyant tout en sueur la raquette à la main. M. Alphonse courut à la maison, se lava la figure et les mains, remit son habit neuf et ses souliers vernis, et cinq minutes après nous étions au grand trot sur la route de Puygarrig. Tous les joueurs de paume de la ville et grand nombre de spectateurs nous suivirent avec des cris de joie. À peine les chevaux vigoureux qui nous traînaient pouvaient-ils maintenir leur avance sur ces intrépides Catalans.

Nous étions à Puygarrig, et le cortège allait se mettre en marche pour la mairie, lorsque M. Alphonse, se frappant le front, me dit tout bas :

— Quelle brioche[25] ! J'ai oublié la bague ! Elle est au doigt de la Vénus, que le diable puisse emporter. Ne le dites pas à ma mère au moins. Peut-être qu'elle ne s'apercevra de rien.

— Vous pourriez envoyer quelqu'un, lui dis-je.

— Bah ! mon domestique est resté à Ille, ceux-ci, je ne m'y fie guère. Douze cents francs de diamants ! cela pourrait en tenter plus d'un. D'ailleurs que penserait-on ici de ma distraction ? Ils se moqueraient trop de moi. Ils m'appelleraient le mari de la statue... Pourvu qu'on ne me la vole pas ! Heureusement que l'idole fait peur à mes coquins. Ils n'osent l'approcher à longueur de bras. Bah !

---

23. Donner des avantages à un adversaire jugé inférieur. — 24. « Tu me le paieras. » — 25. Sottise (mot alors à la mode).

ce n'est rien ; j'ai une autre bague.

Les deux cérémonies civile et religieuse s'accomplirent avec la pompe convenable ; et mademoiselle de Puygarrig reçut l'anneau d'une modiste de Paris, sans se douter que son fiancé lui faisait le sacrifice d'un gage amoureux. Puis on se mit à table, où l'on but, mangea, chanta même, le tout fort longuement. Je souffrais pour la mariée de la grosse joie qui éclatait autour d'elle : pourtant elle faisait meilleure contenance que je ne l'aurais espéré, et son embarras n'était ni de la gaucherie ni de l'affectation.

Peut-être le courage vient-il avec les situations difficiles.

Le déjeuner terminé quant il plut à Dieu, il était quatre heures, les hommes allèrent se promener dans le parc, qui était magnifique, ou regardèrent danser sur la pelouse du château les paysannes de Puygarrig, parées de leurs habits de fête. De la sorte, nous employâmes quelques heures. Cependant les femmes étaient fort empressées autour de la mariée, qui leur faisait admirer sa corbeille[26]. Puis elle changea de toilette, et je remarquai qu'elle couvrit ses beaux cheveux d'un bonnet et d'un chapeau à plumes, car les femmes n'ont rien de plus pressé que de prendre, aussitôt qu'elles le peuvent, les parures que l'usage leur défend de porter quand elles sont encore demoiselles.

Il était près de huit heures quand on se disposa à partir pour Ille. Mais d'abord eut lieu une scène pathétique. La tante de mademoiselle de Puygarrig, qui lui servait de mère, femme très âgée et fort dévote, ne devait point aller avec nous à la ville. Au départ elle fit à sa nièce un sermon touchant sur ses devoirs d'épouse, duquel sermon résulta un torrent de larmes et des embrassements sans fin. M. de Peyrehorade comparait cette séparation à l'enlèvement des Sabines. Nous partîmes pourtant et, pendant la route, chacun s'évertua pour distraire la mariée et la faire rire ; mais ce fut en vain.

À Ille, le souper nous attendait, et quel souper ! Si la

---

26. Présents du marié à la mariée.

grosse joie du matin m'avait choqué, je le fus bien davantage des équivoques et des plaisanteries dont le marié et la mariée surtout furent l'objet. Le marié, qui avait disparu un instant avant de se mettre à table, était pâle et d'un sérieux de glace. Il buvait à chaque instant du vieux vin de Collioure presque aussi fort que de l'eau-de-vie. J'étais à côté de lui, et me crus obligé de l'avertir :

— Prenez garde ! on dit que le vin[27]...

Je ne sais quelle sottise je lui dis pour me mettre à l'unisson des convives.

Il me poussa le genou, et très bas il me dit :

— Quand on se lèvera de table..., que je puisse vous dire deux mots.

Son ton solennel me surprit. Je le regardai plus attentivement, et je remarquai l'étrange altération de ses traits.

— Vous sentez-vous indisposé ? lui demandai-je.

— Non.

Et il se remit à boire.

Cependant, au milieu des cris et des battements de mains, un enfant de onze ans, qui s'était glissé sous la table, montrait aux assistants un joli ruban blanc et rose qu'il venait de détacher de la cheville de la mariée. On appelle cela sa jarretière. Elle fut aussitôt coupée par morceaux et distribuée aux jeunes gens, qui en ornèrent leur boutonnière, suivant un antique usage qui se conserve encore dans quelques familles patriarcales. Ce fut pour la mariée une occasion de rougir jusqu'au blanc des yeux... Mais son trouble fut au comble lorsque M. de Peyrehorade, ayant réclamé le silence, lui chanta quelques vers catalans, impromptu, disait-il. En voici le sens, si je l'ai bien compris :

« Qu'est-ce donc, mes amis ? le vin que j'ai bu me fait-il voir double ? Il y a deux Vénus ici... »

Le marié tourna brusquement la tête d'un air effaré, qui fit rire tout le monde.

---

27. Sous-entendu : risque d'entraîner une impuissance sexuelle momentanée, alors appelée « fiasco ».

« Oui, poursuit M. de Peyrehorade, il y a deux Vénus sous mon toit. L'une, je l'ai trouvée dans la terre comme une truffe ; l'autre, descendue des cieux, vient de nous partager sa ceinture. »

Il voulait dire sa jarretière.

« Mon fils, choisis de la Vénus romaine ou de la catalane celle que tu préfères. Le maraud prend la catalane, et sa part est la meilleure. La romaine est noire, la catalane est blanche. La romaine est froide, la catalane enflamme tout ce qui l'approche. »

Cette chute excita un tel hourra, des applaudissements si bruyants et des rires si sonores, que je crus que le plafond allait nous tomber sur la tête. Autour de la table il n'y avait que trois visages sérieux, ceux des mariés et le mien. J'avais un grand mal de tête ; et puis, je ne sais pourquoi, un mariage m'attriste toujours. Celui-là, en outre, me dégoûta un peu.

Les derniers couplets ayant été chantés par l'adjoint du maire, et ils étaient fort lestes, je dois le dire, on passa dans le salon pour jouir du départ de la mariée, qui devait être bientôt conduite à sa chambre, car il était près de minuit.

M. Alphonse me tira dans l'embrasure d'une fenêtre, et me dit en détournant les yeux :

— Vous allez vous moquer de moi... Mais je ne sais ce que j'ai... je suis ensorcelé ! le diable m'emporte !

La première pensée qui me vint fut qu'il se croyait menacé de quelque malheur[28] du genre de ceux dont parlent Montaigne et madame de Sévigné :

« Tout l'empire amoureux est plein d'histoires tragiques[29], etc. »

Je croyais que ces sortes d'accidents n'arrivaient qu'aux gens d'esprit[30], me dis-je à moi-même.

— Vous avez trop bu de vin de Collioure, mon cher monsieur Alphonse, lui dis-je. Je vous avais prévenu.

---

28. De fiasco. — 29. Citation de la lettre à Mme de Grignan datée du 8 avril 1671. Pour Montaigne, *Essais,* I, 21. — 30. Auto-ironie ? Mérimée avait connu un fiasco avec George Sand, la grande romancière.

— Oui, peut-être. Mais c'est quelque chose de bien plus terrible.

Il avait la voix entrecoupée. Je le crus tout à fait ivre.

— Vous savez bien, mon anneau ? poursuivit-il après un silence.

— Eh bien ! on l'a pris ?

— Non.

— En ce cas, vous l'avez ?

— Non... je... je ne puis l'ôter du doigt de cette diable de Vénus.

— Bon ! vous n'avez pas tiré assez fort.

— Si fait... Mais la Vénus... elle a serré le doigt.

Il me regardait fixement d'un air hagard, s'appuyant à l'espagnolette pour ne pas tomber.

— Quel conte ! lui dis-je. Vous avez trop enfoncé l'anneau. Demain vous l'aurez avec des tenailles. Mais prenez garde de gâter la statue.

— Non, vous dis-je. Le doigt de la Vénus est retiré, reployé ; elle serre la main, m'entendez-vous ?... C'est ma femme, apparemment, puisque je lui ai donné mon anneau... Elle ne veut plus le rendre.

J'éprouvai un frisson subit, et j'eus un instant la chair de poule. Puis, un grand soupir qu'il fit m'envoya une bouffée de vin, et toute émotion disparut.

Le misérable, pensai-je, est complètement ivre.

— Vous êtes antiquaire, monsieur, ajouta le marié d'un ton lamentable, vous connaissez ces statues-là... il y a peut-être quelque ressort, quelque diablerie, que je ne connais point... Si vous alliez voir ?

— Volontiers, dis-je. Venez avec moi.

— Non, j'aime mieux que vous alliez seul.

Je sortis du salon.

Le temps avait changé pendant le souper, et la pluie commençait à tomber avec force. J'allais demander un parapluie, lorsqu'une réflexion m'arrêta. Je serais un bien grand sot, me dis-je, d'aller vérifier ce que m'a dit un homme ivre ! Peut-être, d'ailleurs, a-t-il voulu me faire quelque méchante plaisanterie pour apprêter à rire à ces honnêtes provinciaux ; et le moins qu'il puisse m'en arriver c'est d'être trempé jusqu'aux os et d'attraper un bon rhume.

De la porte je jetai un coup d'œil sur la statue ruisselante d'eau, et je montai dans ma chambre sans rentrer dans le salon. Je me couchai ; mais le sommeil fut long à venir. Toutes les scènes de la journée se représentaient à mon esprit. Je pensais à cette jeune fille si belle et si pure abandonnée à un ivrogne brutal. Quelle odieuse chose, me disais-je, qu'un mariage de convenance ! Un maire revêt une écharpe tricolore, un curé une étole, et voilà la plus honnête fille du monde livrée au Minotaure[31] ! Deux êtres qui ne s'aiment pas, que peuvent-ils se dire dans un pareil moment, que deux amants achèteraient au prix de leur existence ? Une femme peut-elle jamais aimer un homme qu'elle aura vu grossier une fois ? Les premières impressions ne s'effacent pas et, j'en suis sûr, ce monsieur Alphonse méritera bien d'être haï...

Durant mon monologue, que j'abrège beaucoup, j'avais entendu force allées et venues dans la maison, les portes s'ouvrir et se fermer, des voitures partir ; puis il me semblait avoir entendu sur l'escalier les pas légers de plusieurs femmes se dirigeant vers l'extrémité du corridor opposée à ma chambre. C'était probablement le cortège de la mariée qu'on menait au lit. Ensuite on avait redescendu l'escalier. La porte de madame de Peyrehorade s'était fermée. Que cette pauvre fille, me dis-je, doit être troublée et mal à son aise ! Je me tournais dans mon lit de mauvaise humeur. Un garçon[32] joue un sot rôle dans une maison où s'accomplit un mariage.

Le silence régnait depuis quelque temps lorsqu'il fut troublé par des pas lourds qui montaient l'escalier. Les marches de bois craquèrent fortement.

— Quel butor ! m'écriai-je. Je parie qu'il va tomber dans l'escalier.

---

31. Monstre humain à tête de taureau, enfermé dans le labyrinthe de Crète, annuellement nourri de jeunes Grecs et Grecques jusqu'à sa mise à mort par Thésée. — 32. Célibataire.

Tout redevint tranquille. Je pris un livre pour changer le cours de mes idées. C'était une statistique du département, ornée d'un mémoire de M. de Peyrehorade sur les monuments druidiques de l'arrondissement de Prades. Je m'assoupis à la troisième page.

Je dormis mal et me réveillai plusieurs fois. Il pouvait être cinq heures du matin, et j'étais éveillé depuis plus de vingt minutes, lorsque le coq chanta. Le jour allait se lever. Alors j'entendis distinctement les mêmes pas lourds, le même craquement de l'escalier que j'avais entendus avant de m'endormir. Cela me parut singulier. J'essayai, en bâillant, de deviner pourquoi M. Alphonse se levait si matin. Je n'imaginais rien de vraisemblable. J'allais refermer les yeux lorsque mon attention fut de nouveau excitée par des trépignements étranges auxquels se mêlèrent bientôt le tintement des sonnettes et le bruit de portes qui s'ouvraient avec fracas, puis je distinguai des cris confus.

« Mon ivrogne aura mis le feu quelque part ! » pensais-je en sautant à bas de mon lit.

Je m'habillai rapidement et j'entrai dans le corridor. De l'extrémité opposée partaient des cris et des lamentations, et une voix déchirante dominait toutes les autres : « Mon fils ! mon fils ! » Il était évident qu'un malheur était arrivé à M. Alphonse. Je courus à la chambre nuptiale : elle était pleine de monde. Le premier spectacle qui frappa ma vue fut le jeune homme à demi vêtu, étendu en travers sur le lit dont le bois était brisé. Il était livide, sans mouvement. Sa mère pleurait et criait à côté de lui. M. de Peyrehorade s'agitait, lui frottait les tempes avec de l'eau de Cologne, on lui mettait des sels sous le nez. Hélas ! depuis longtemps son fils était mort. Sur un canapé, à l'autre bout de la chambre, était la mariée, en proie à d'horribles convulsions. Elle poussait des cris inarticulés, et deux robustes servantes avaient toutes les peines du monde à la contenir !

— Mon Dieu ! m'écriai-je, qu'est-il donc arrivé ?

Je m'approchai du lit et soulevai le corps du malheureux jeune homme ; il était déjà raide et froid. Ses dents serrées et sa figure noircie exprimaient les plus affreuses angoisses. Il paraissait assez que sa mort avait été violente et son agonie terrible. Nulle trace de sang cependant sur ses habits. J'écartai sa chemise et vis sur sa poitrine une empreinte livide qui se prolongeait sur les côtes et le dos. On eût dit qu'il avait été étreint dans un cercle de fer. Mon pied posa sur quelque chose de dur qui se trouvait sur le tapis ; je me baissai et vis la bague de diamants.

J'entraînai M. de Peyrehorade et sa femme dans leur chambre ; puis j'y fis porter la mariée.

— Vous avez encore une fille, leur dis-je, vous lui devez vos soins. Alors je les laissai seuls.

Il ne me paraissait pas douteux que M. Alphonse n'eût été victime d'un assassinat dont les auteurs avaient trouvé moyen de s'introduire la nuit dans la chambre de la mariée. Ces meurtrissures à la poitrine, leur direction circulaire m'embarrassaient beaucoup pourtant, car un bâton ou une barre de fer n'aurait pu les produire. Tout d'un coup, je me souvins d'avoir entendu dire qu'à Valence[33] des braves[34] se servaient de longs sacs de cuir remplis de sable fin pour assommer les gens dont on leur avait payé la mort. Aussitôt, je me rappelai le muletier aragonais et sa menace ; toutefois, j'osais à peine penser qu'il eût tiré une si terrible vengeance d'une plaisanterie légère.

J'allais dans la maison, cherchant partout des traces d'effraction, et n'en trouvant nulle part. Je descendis dans le jardin pour voir si les assassins avaient pu s'introduire de ce côté ; mais je ne trouvai aucun indice certain. La pluie de la veille avait d'ailleurs tellement détrempé le sol, qu'il n'aurait pu garder d'empreinte bien nette. J'observai pourtant quelques pas profondément imprimés dans la terre ; il y en avait dans deux directions contraires, mais sur une même ligne, partant de l'angle de la haie contiguë au jeu de paume et aboutissant à la porte de la maison. Ce pouvaient être les pas de M. Alphonse lors-

---

33. En Espagne. — 34. Assassins à gages.

qu'il était allé chercher son anneau au doigt de la statue. D'un autre côté, la haie, en cet endroit, étant moins fourrée qu'ailleurs, ce devait être sur ce point que les meurtriers l'auraient franchie. Passant et repassant devant la statue, je m'arrêtai un instant pour la considérer. Cette fois, je l'avouerai, je ne pus contempler sans effroi son expression de méchanceté ironique ; et, la tête toute pleine des scènes horribles dont je venais d'être le témoin, il me sembla voir une divinité infernale applaudissant au malheur qui frappait cette maison.

Je regagnai ma chambre et j'y restai jusqu'à midi. Alors je sortis et demandai des nouvelles de mes hôtes. Ils étaient un peu plus calmes. Mademoiselle de Puygarrig, je devrais dire la veuve de M. Alphonse, avait repris connaissance. Elle avait même parlé au procureur du roi de Perpignan, alors en tournée à Ille, et ce magistrat avait reçu sa déposition. Il me demanda la mienne. Je lui dis ce que je savais, et ne lui cachai pas mes soupçons contre le muletier aragonais. Il ordonna qu'il fût arrêté sur-le-champ.

— Avez-vous appris quelque chose de madame Alphonse ? demandai-je au procureur du roi, lorsque ma déposition fut écrite et signée.

— Cette malheureuse jeune personne est devenue folle, me dit-il en souriant tristement. Folle ! tout à fait folle. Voici ce qu'elle conte :

— Elle était couchée, dit-elle, depuis quelques minutes, les rideaux tirés, lorsque la porte de sa chambre s'ouvrit, et quelqu'un entra. Alors madame Alphonse était dans la ruelle du lit, la figure tournée vers la muraille. Elle ne fit pas un mouvement, persuadée que c'était son mari. Au bout d'un instant, le lit cria comme s'il était chargé d'un poids énorme. Elle eut grand'peur, mais n'osa pas tourner la tête. Cinq minutes, dix minutes peut-être... elle ne peut se rendre compte du temps, se passèrent de la sorte. Puis elle fit un mouvement involontaire, ou bien la personne qui était dans le lit en fit un, et elle sentit le contact de quelque chose de froid comme la glace, ce sont ses expressions. Elle s'enfonça dans la ruelle, tremblant de tous ses membres. Peu après, la porte s'ouvrit une seconde fois, et quelqu'un entra, qui dit : « Bonsoir, ma petite femme. » Bientôt après, on tira les rideaux. Elle entendit un cri étouffé. La personne qui était dans le lit, à côté d'elle, se leva sur son séant et parut étendre les bras en avant. Elle tourna la tête alors... et vit, dit-elle, son mari à genoux auprès du lit, la tête à la hauteur de l'oreiller, entre les bras d'une espèce de géant verdâtre qui l'étreignait avec force. Elle dit, et m'a répété vingt fois, pauvre femme !... elle dit qu'elle a reconnu... devinez-vous ? La Vénus de bronze, la statue de monsieur de Peyrehorade... Depuis qu'elle est dans le pays, tout le monde en rêve. Mais je reprends le récit de la malheureuse folle. À ce spectacle, elle perdit connaissance, et probablement depuis quelques instants elle avait perdu la raison. Elle ne peut en aucune façon dire combien de temps elle demeura évanouie. Revenue à elle, elle revit le fantôme, ou la statue, comme elle dit toujours, immobile, les jambes et le bas du corps dans le lit, le buste et les bras étendus en avant, et entre ses bras son mari, sans mouvement. Un coq chanta. Alors la statue sortit du lit, laissa tomber le cadavre et sortit. Madame Alphonse se pendit[35] à la sonnette, et vous savez le reste.

On amena l'Espagnol ; il était calme, et se défendit avec beaucoup de sang-froid et de présence d'esprit. Du reste, il ne nia pas le propos que j'avais entendu, mais il l'expliquait, prétendant qu'il n'avait voulu dire autre chose, sinon que le lendemain, reposé qu'il serait, il aurait gagné une partie de paume à son vainqueur. Je me rappelle qu'il ajouta :

— Un Aragonais, lorsqu'il est outragé, n'attend pas au lendemain pour se venger. Si j'avais cru que monsieur Alphonse eût voulu m'insulter, je lui aurais sur-le-champ donné de mon couteau dans le ventre.

On compara ses souliers avec les empreintes de pas dans

---

35. Se suspendit.

le jardin ; ses souliers étaient beaucoup plus grands.

Enfin l'hôtelier chez qui cet homme était logé assura qu'il avait passé toute la nuit à frotter et à médicamenter un de ses mulets qui était malade.

D'ailleurs cet Aragonais était un homme bien famé[36], fort connu dans le pays, où il venait tous les ans pour son commerce. On le relâcha donc en lui faisant des excuses.

J'oubliais la déposition d'un domestique qui le dernier avait vu M. Alphonse vivant. C'était au moment qu'il allait monter chez sa femme et, appelant cet homme, il lui demanda d'un air d'inquiétude s'il savait où j'étais. Le domestique répondit qu'il ne m'avait point vu. Alors M. Alphonse fit un soupir et resta plus d'une minute sans parler, puis il dit : *Allons ! le diable l'aura emporté aussi !*

Je demandai à cet homme si M. Alphonse avait sa bague de diamants lorsqu'il lui parla. Le domestique hésita pour répondre ; enfin, il dit qu'il ne le croyait pas, qu'il n'y avait fait au reste aucune attention.

— S'il avait eu cette bague au doigt, ajouta-t-il en se reprenant, je l'aurais sans doute remarquée, car je croyais qu'il l'avait donnée à madame Alphonse.

En questionnant cet homme je ressentais un peu de la terreur superstitieuse que la déposition de madame Alphonse avait répandue dans toute la maison. Le procureur du roi me regarda en souriant, et je me gardai bien d'insister.

Quelques heures après les funérailles de M. Alphonse, je me disposai à quitter Ille. La voiture de M. de Peyrehorade devait me conduire à Perpignan. Malgré son état de faiblesse, le pauvre vieillard voulut m'accompagner jusqu'à la porte de son jardin. Nous le traversâmes en silence, lui se traînant à peine, appuyé sur mon bras. Au moment de nous séparer, je jetai un dernier regard sur la Vénus. Je prévoyais bien que mon hôte, quoiqu'il ne partageât point les terreurs et les haines qu'elle inspirait

---

36. De bonne réputation.

à une partie de sa famille, voudrait se défaire d'un objet qui lui rappellerait sans cesse un malheur affreux. Mon intention était de l'engager à la placer dans un musée. J'hésitais pour entrer en matière, quand M. de Peyrehorade tourna machinalement la tête du côté où il me voyait regarder fixement. Il aperçut la statue et aussitôt fondit en larmes. Je l'embrassai et, sans oser lui dire un seul mot, je montai dans la voiture.

Depuis mon départ je n'ai point appris que quelque jour nouveau soit venu éclairer cette mystérieuse catastrophe.

M. de Peyrehorade mourut quelques mois après son fils. Par son testament il m'a légué ses manuscrits, que je publierai peut-être un jour. Je n'y ai point trouvé le mémoire relatif aux inscriptions de la Vénus.

P.-S. Mon Ami M. de P. vient de m'écrire de Perpignan que la statue n'existe plus. Après la mort de son mari, le premier soin de madame de Peyrehorade fut de la faire fondre en cloche, et sous cette nouvelle forme elle sert à l'église d'Ille. Mais, ajoute M. de P., il semble qu'un mauvais sort poursuive ceux qui possèdent ce bronze. Depuis que cette cloche sonne à Ille, les vignes ont gelé deux fois.

1837.

Tête de Vénus laurée. Copie romaine (Ier-IIe s. après J.-C.). Musée archéologique, Vaison-la-Romaine. Ph. V. Ulrich © Arch. Photeb.

LOKIS

MANUSCRIT DU PROFESSEUR WITTEMBACH

CHAPITRE PREMIER

....

Théodore, dit M. le professeur Wittembach, veuillez me donner ce cahier relié en parchemin, sur la seconde tablette, au-dessus du secrétaire ; non, pas celui-ci, mais le petit in-octavo. C'est là que j'ai réuni toutes les notes de mon journal de 1866, du moins celles qui se rapportent au comte Szémioth.

Le professeur mit ses lunettes et, au milieu du plus profond silence, lut ce qui suit :

LOKIS

avec ce proverbe lithuanien pour épigraphe :

> *Miszka zu Lokiu,*
> *Abu du tokiu**

Lorsque parut à Londres la première traduction des Saintes Écritures en langue lithuanienne, je publiai, dans la *Gazette scientifique et littéraire* de Kœnigsberg, un article dans lequel, tout en rendant pleine justice aux efforts du docte interprète et aux pieuses intentions de la Société biblique, je crus devoir signaler quelques légères erreurs, et, de plus, je fis remarquer que cette version ne pouvait être utile qu'à une partie seulement des populations lithuaniennes. En effet, le dialecte dont on a fait usage n'est que difficilement intelligible aux habitants des districts où se parle la langue *jomaïtique*, vulgairement

---

* « Les deux font la paire » ; mot à mot, Michon (Michel) avec Lokis, tous les deux les mêmes. *Michaelium cum Lokide, ambo (duo) ipsissimi.*

appelée *jmoude*, je veux dire dans le palatinat de Samogitie, langue qui se rapproche du sanscrit encore plus peut-être que le haut lithuanien. Cette observation, malgré les critiques furibondes qu'elle m'attira de la part de certain professeur bien connu à l'université de Dorpat, éclaira les honorables membres du conseil d'administration de la Société biblique, et il n'hésita pas à m'adresser l'offre flatteuse de diriger et de surveiller la rédaction de l'Évangile de saint Matthieu en samogitien. J'étais alors trop occupé de mes études sur les langues transouraliennes pour entreprendre un travail plus étendu qui eût compris les quatre Évangiles. Ajournant donc mon mariage avec mademoiselle Gertrude Weber, je me rendis à Kowno *(Kaunas)*, avec l'intention de recueillir tous les monuments[1] linguistiques imprimés ou manuscrits en langue jmoude que je pourrais me procurer, sans négliger, bien entendu, les poésies populaires, *daïnos*, les récits ou légendes, *pasakos*, qui me fourniraient des documents pour un vocabulaire jomaïtique, travail qui devait nécessairement précéder celui de la traduction.

On m'avait donné une lettre pour le jeune comte Michel Szémioth, dont le père, à ce qu'on m'assurait, avait possédé le fameux *Catechismus Samogiticus* du père Lawicki, si rare, que son existence même a été contestée, notamment par le professeur de Dorpat auquel je viens de faire allusion. Dans sa bibliothèque se trouvait, selon les renseignements qui m'avaient été donnés, une vieille collection de *daïnos*, ainsi que des poésies dans l'ancienne langue *prussienne*. Ayant écrit au comte Szémioth pour lui exposer le but de ma visite, j'en reçus l'invitation la plus aimable de venir passer dans son château de Médintiltas tout le temps qu'exigeraient mes recherches. Il terminait sa lettre en me disant de la façon la plus gracieuse qu'il se piquait de parler le jmoude presque aussi bien que ses paysans, et qu'il serait heureux de joindre ses efforts aux miens pour une entreprise qu'il qualifiait de

---

1. Documents anciens.

grande et d'intéressante. Ainsi que quelques-uns des plus riches propriétaires de la Lithuanie, il professait la religion évangélique, dont j'ai l'honneur d'être ministre[2]. On m'avait prévenu que le comte n'était pas exempt d'une certaine bizarrerie de caractère, très hospitalier d'ailleurs, ami des sciences et des lettres, et particulièrement bienveillant pour ceux qui les cultivent. Je partis donc pour Médintiltas.

Au perron du château, je fus reçu par l'intendant du comte, qui me conduisit aussitôt à l'appartement préparé pour me recevoir.

— M. le comte, me dit-il, est désolé de ne pouvoir dîner aujourd'hui avec M. le professeur. Il est tourmenté de la migraine, maladie à laquelle il est malheureusement un peu sujet. Si M. le professeur ne désire pas être servi dans sa chambre, il dînera avec M. le docteur Frœber, médecin de madame la comtesse. On dîne dans une heure, on ne fait pas de toilette[3]. Si M. le professeur a des ordres à donner, voici le timbre[4].

Il se retira en me faisant un profond salut.

L'appartement était vaste, bien meublé, orné de glaces et de dorures. Il avait vue d'un côté sur un jardin ou plutôt sur le parc du château, de l'autre sur la grande cour d'honneur. Malgré l'avertissement : « On ne fait pas de toilette », je crus devoir tirer de ma malle mon habit noir. J'étais en manches de chemise, occupé à déballer mon petit bagage, lorsqu'un bruit de voiture m'attira à la fenêtre qui donnait sur la cour. Une belle calèche venait d'entrer. Elle contenait une dame en noir, un monsieur et une femme vêtue comme les paysannes lithuaniennes, mais si grande et si forte, que d'abord je fus tenté de la prendre pour un homme déguisé. Elle descendit la première ; deux autres femmes, non moins robustes en apparence, étaient déjà sur le perron. Le monsieur se pencha vers la dame en noir et, à ma grande surprise,

---

2. Pasteur de l'Église réformée. — 3. On ne met pas de tenue de soirée. — 4. La sonnette.

déboucla une large ceinture de cuir qui la fixait à sa place dans la calèche. Je remarquai que cette dame avait de longs cheveux blancs fort en désordre, et que ses yeux, tout grands ouverts, semblaient inanimés : on eût dit une figure de cire. Après l'avoir détachée, son compagnon lui adressa la parole, chapeau bas, avec beaucoup de respect ; mais elle ne parut pas y faire la moindre attention. Alors, il se tourna vers les servantes en leur faisant un léger signe de tête. Aussitôt les trois femmes saisirent la dame en noir et, en dépit de ses efforts pour s'accrocher à la calèche, elles l'enlevèrent comme une plume, et la portèrent dans l'intérieur du château. Cette scène avait pour témoins plusieurs serviteurs de la maison qui semblaient n'y voir rien que de très ordinaire.

L'homme qui avait dirigé l'opération tira sa montre et demanda si on allait bientôt dîner.

— Dans un quart d'heure, monsieur le docteur, lui répondit-on.

Je n'eus pas de peine à deviner que je voyais le docteur Frœber, et que la dame en noir était la comtesse. D'après son âge, je conclus qu'elle était la mère du comte Szémioth, et les précautions prises à son égard annonçaient assez que sa raison était altérée.

Quelques instants après, le docteur lui-même entra dans ma chambre.

— M. le comte étant souffrant, me dit-il, je suis obligé de me présenter moi-même à M. le professeur. Le docteur Frœber, à vous rendre mes devoirs[5]. Enchanté de faire la connaissance d'un savant dont le mérite est connu de tous ceux qui lisent la *Gazette scientifique et littéraire* de Kœnigsberg. Auriez-vous pour agréable qu'on servît ?

Je répondis de mon mieux à ses compliments, et lui dis que, s'il était temps de se mettre à table, j'étais prêt à le suivre.

Dès que nous entrâmes dans la salle à manger, un maître d'hôtel nous présenta, selon l'usage du Nord, un plateau

---

5. À votre service.

d'argent chargé de liqueurs et de quelques mets salés et fortement épicés propres à exciter l'appétit.

— Permettez-moi, monsieur le professeur, me dit le docteur, de vous recommander, en ma qualité de médecin, un verre de cette *starka*, vraie eau-de-vie de Cognac, depuis quarante ans dans le fût. C'est la mère des liqueurs. Prenez un anchois de Drontheim, rien n'est plus propre à ouvrir et préparer le tube digestif, organe des plus importants... Et maintenant, à table ! Pourquoi ne parlerions-nous pas allemand ? Vous êtes de Kœnigsberg, moi de Memel ; mais j'ai fait mes études à Iéna. De la sorte nous serons plus libres, et les domestiques, qui ne savent que le polonais et le russe, ne nous comprendront pas[6].

Nous mangeâmes d'abord en silence ; puis, après avoir pris un premier verre de vin de Madère, je demandai au docteur si le comte était fréquemment incommodé de l'indisposition qui nous privait aujourd'hui de sa présence.

— Oui et non, répondit le docteur ; cela dépend des excursions qu'il fait.

— Comment cela ?

— Lorsqu'il va sur la route de Rosienie, par exemple, il en revient avec la migraine et l'humeur farouche.

— Je suis allé à Rosienie moi-même sans pareil accident.

— Cela tient, monsieur le professeur, répondit-il en riant, à ce que vous n'êtes pas amoureux.

Je soupirai en pensant à mademoiselle Gertrude Weber.

— C'est donc à Rosienie, dis-je, que demeure la fiancée de M. le comte ?

— Oui, dans les environs. Fiancée ?... je n'en sais rien. Une franche coquette ! Elle lui fera perdre la tête, comme il est arrivé à sa mère.

— En effet, je crois que madame la comtesse est... malade ?

---

6. Pays baltes et Pologne étaient alors provinces russes.

— Elle est folle, mon cher monsieur, folle ! Et le plus grand fou, c'est moi, d'être venu ici !

— Espérons que vos bons soins lui rendront la santé.

Le docteur secoua la tête en examinant avec attention la couleur d'un verre de vin de Bordeaux qu'il tenait à la main.

— Tel que vous me voyez, monsieur le professeur, j'étais chirurgien-major au régiment de Kalouga. À Sévastopol[7], nous étions du matin au soir à couper des bras et des jambes ; je ne parle pas des bombes qui nous arrivaient comme des mouches à un cheval écorché ; eh bien, mal logé, mal nourri, comme j'étais alors, je ne m'ennuyais pas comme ici, où je mange et bois du meilleur, où je suis logé comme un prince, payé comme un médecin de cour... Mais la liberté, mon cher monsieur !... Figurez-vous qu'avec cette diablesse on n'a pas un moment à soi !

— Y a-t-il longtemps qu'elle est confiée à votre expérience ?

— Moins de deux ans ; mais il y en a vingt-sept au moins qu'elle est folle, dès avant la naissance du comte. On ne vous a pas conté cela à Rosienie ni à Kowno ? Écoutez donc, car c'est un cas sur lequel je veux un jour écrire un article dans le *Journal médical de Saint-Pétersbourg*. Elle est folle de peur...

— De peur ? Comment est-ce possible ?

— D'une peur qu'elle a eue. Elle est de la famille des Keystut... Oh ! dans cette maison-ci, on ne se mésallie pas. Nous descendons, nous, de Gédymin... Donc, monsieur le professeur, trois jours... ou deux jours après son mariage, qui eut lieu dans ce château, où nous dînons (à votre santé !)..., le comte, le père de celui-ci, s'en va à la chasse. Nos dames lithuaniennes sont des amazones comme vous savez. La comtesse va aussi à la chasse... Elle reste en arrière ou dépasse les veneurs..., je ne sais

---

7. Sébastopol, port russe assiégé pendant la guerre de Crimée (1854-1855).

lequel... Bon ! tout à coup le comte voit arriver bride abattue le petit cosaque de la comtesse, enfant de douze ou quatorze ans.

— Maître, dit-il, un ours emporte la maîtresse !

— Où cela ? dit le comte.

— Par là, dit le petit cosaque.

Toute la chasse accourt au lieu qu'il désigne ; point de comtesse ! Son cheval étranglé d'un côté, de l'autre sa pelisse en lambeaux. On cherche, on bat le bois en tous sens. Enfin un veneur s'écrie : « Voilà l'ours ! » En effet, l'ours traversait une clairière, traînant toujours la comtesse, sans doute pour aller la dévorer tout à son aise dans un fourré, car ces animaux-là sont sur leur bouche. Ils aiment, comme les moines, à dîner tranquilles. Marié de deux jours, le comte était fort chevaleresque, il voulait se jeter sur l'ours, le couteau de chasse au poing ; mais, mon cher monsieur, un ours de Lithuanie ne se laisse pas transpercer comme un cerf. Par bonheur, le porte-arquebuse du comte, un assez mauvais drôle, ivre ce jour-là à ne pas distinguer un lapin d'un chevreuil, fait feu de sa carabine à plus de cent pas, sans se soucier de savoir si la balle toucherait la bête ou la femme...

— Et il tua l'ours ?

— Tout raide. Il n'y a que les ivrognes pour ces coups-là. Il y a aussi des balles prédestinées[8], monsieur le professeur. Nous avons ici des sorciers qui en vendent à juste prix... La comtesse était fort égratignée, sans connaissance, cela va sans dire, une jambe cassée. On l'emporte, elle revient à elle ; mais la raison était partie. On la mène à Saint-Pétersbourg. Grande consultation, quatre médecins chamarrés de tous les ordres. Ils disent : « Madame la comtesse est grosse, il est probable que sa délivrance déterminera une crise favorable. Qu'on la tienne en bon air, à la campagne, du petit-lait, de la codéine... » On leur donne cent roubles à chacun. Neuf mois après, la comtesse accouche d'un garçon bien constitué ; mais la crise favora-

---

8. Balles ensorcelées pour atteindre sans faute telle victime.

ble ? ah bien, oui !... Redoublement de rage. Le comte lui montre son fils. Cela ne manque jamais son effet... dans les romans. « Tuez-le ! tuez la bête ! » qu'elle s'écrie ; peu s'en fallut qu'elle ne lui tordît le cou. Depuis lors, alternatives de folie stupide ou de manie furieuse. Forte propension au suicide. On est obligé de l'attacher pour lui faire prendre l'air. Il faut trois vigoureuses servantes pour la tenir. Cependant, monsieur le professeur, veuillez noter ce fait : quand j'ai épuisé mon latin auprès d'elle sans pouvoir m'en faire obéir, j'ai un moyen pour la calmer. Je la menace de lui couper les cheveux. Autrefois, je pense, elle les avait très beaux. La coquetterie ! voilà le dernier sentiment humain qui est demeuré. N'est-ce pas drôle ? Si je pouvais l'instrumenter à ma guise, peut-être la guérirais-je.

— Comment cela ?

— En la rouant de coups. J'ai guéri de la sorte vingt paysannes dans un village où s'était déclarée cette furieuse folie russe, le *hurlement** ; une femme se met à hurler, sa commère hurle. Au bout de trois jours, tout un village hurle. À force de les rosser, j'en suis venu à bout. (Prenez une gélinotte, elles sont tendres.) Le comte n'a jamais voulu que j'essayasse.

— Comment ! vous vouliez qu'il consentît à votre abominable traitement ?

— Oh ! il a si peu connu sa mère, et puis c'est pour son bien ; mais dites-moi, monsieur le professeur, auriez-vous jamais cru que la peur pût faire perdre la raison ?

— La situation de la comtesse était épouvantable... Se trouver entre les griffes d'un animal si féroce !

— Eh bien, son fils ne lui ressemble pas. Il y a moins d'un an qu'il s'est trouvé exactement dans la même position et, grâce à son sang-froid, il s'en est tiré à merveille.

— Des griffes d'un ours ?

— D'une ourse, et la plus grande qu'on ait vue depuis

---

* On appelle, en russe, une possédée : « une hurleuse », *klikoucha,* dont la racine est *klik*, clameur, hurlement.

longtemps. Le comte a voulu l'attaquer l'épieu à la main. Bah ! d'un revers, elle écarte le pieu, elle empoigne M. le comte et le jette par terre aussi facilement que je renverserais cette bouteille. Lui, malin, fait le mort... L'ourse l'a flairé, flairé, puis, au lieu de le déchirer, lui donne un coup de langue. Il a eu la présence d'esprit de ne pas bouger, et elle a passé son chemin.

— L'ourse a cru qu'il était mort. En effet, j'ai ouï dire que ces animaux ne mangent pas les cadavres.

— Il faut le croire et s'abstenir d'en faire l'expérience personnelle ; mais, à propos de peur, laissez-moi vous conter une histoire de Sévastopol. Nous étions cinq ou six autour d'une cruche de bière qu'on venait de nous apporter derrière l'ambulance du fameux bastion n° 5. La vedette crie : « Une bombe ! » Nous nous mettons tous à plat ventre ; non, pas tous : un nommé..., mais il est inutile de dire son nom..., un jeune officier qui venait de nous arriver resta debout, tenant son verre plein, juste au moment où la bombe éclata. Elle emporta la tête de mon pauvre camarade André Speranski, un brave garçon, et cassa la cruche ; heureusement, elle était à peu près vide. Quand nous nous relevâmes après l'explosion, nous voyons au milieu de la fumée notre ami qui avalait la dernière gorgée de sa bière, comme si de rien n'était. Nous le crûmes un héros. Le lendemain, je rencontre le capitaine Ghédéonof, qui sortait de l'hôpital. Il me dit : « Je dîne avec vous autres aujourd'hui et, pour célébrer ma rentrée, je paye le champagne. » Nous nous mettons à table. Le jeune officier de la bière y était. Il ne s'attendait pas au champagne. On décoiffe une bouteille près de lui... Paf ! le bouchon vient le frapper à la tempe. Il pousse un cri et se trouve mal. Croyez que mon héros avait eu diablement peur la première fois et que, s'il avait bu sa bière au lieu de se garer, c'est qu'il avait perdu la tête, et il ne lui restait plus qu'un mouvement machinal dont il n'avait pas conscience. En effet, monsieur le professeur, la machine humaine...

— Monsieur le docteur, dit un domestique en entrant

dans la salle, la Jdanova dit que madame la comtesse ne veut pas manger.

— Que le diable l'emporte ! grommela le docteur. J'y vais. Quand j'aurai fait manger ma diablesse, monsieur le professeur, nous pourrions, si vous l'aviez pour agréable, faire une petite partie à la *préférence* ou aux *douratchki* ?

Je lui exprimai mes regrets de mon ignorance et, lorsqu'il alla voir sa malade, je passai dans ma chambre et j'écrivis à mademoiselle Gertrude.

CHAPITRE II

La nuit était chaude, et j'avais laissé ouverte la fenêtre donnant sur le parc. Ma lettre écrite, ne me trouvant encore aucune envie de dormir, je me mis à repasser les verbes irréguliers lithuaniens et à rechercher dans le sanscrit les causes de leurs différentes irrégularités. Au milieu de ce travail qui m'absorbait, un arbre assez voisin de ma fenêtre fut violemment agité. J'entendis craquer des branches mortes, et il me sembla que quelque animal fort lourd essayait d'y grimper. Encore tout préoccupé des histoires d'ours que le docteur m'avait racontées, je me levai, non sans un certain émoi, et à quelques pieds de ma fenêtre, dans le feuillage de l'arbre, j'aperçus une tête humaine, éclairée en plein par la lumière de ma lampe. L'apparition ne dura qu'un instant, mais l'éclat singulier des yeux qui rencontrèrent mon regard me frappa plus que je ne saurais dire. Je fis involontairement un mouvement de corps en arrière, puis je courus à la fenêtre et, d'un ton sévère, je demandai à l'intrus ce qu'il voulait. Cependant, il descendait en toute hâte et, saisissant une grosse branche entre ses mains, il se laissa pendre, puis tomber à terre, et disparut aussitôt. Je sonnai ; un domestique entra. Je lui racontai ce qui venait de se passer.

— Monsieur le professeur se sera trompé sans doute.

— Je suis sûr de ce que je dis, repris-je. Je crains qu'il n'y ait un voleur dans le parc.

— Impossible, monsieur.

— Alors, c'est donc quelqu'un de la maison ?

Le domestique ouvrait de grands yeux sans me répondre. À la fin, il me demanda si j'avais des ordres à lui donner. Je lui dis de fermer la fenêtre et je me mis au lit.

Je dormis fort bien, sans rêver d'ours ni de voleurs. Le matin, j'achevais ma toilette, quand on frappa à ma porte. J'ouvris et me trouvai en face d'un très grand et beau jeune homme, en robe de chambre boukhare[9], et tenant à la main une longue pipe turque.

— Je viens vous demander pardon, monsieur le professeur, dit-il, d'avoir si mal accueilli un hôte tel que vous. Je suis le comte Szémioth.

Je me hâtai de répondre que j'avais, au contraire, à le remercier humblement de sa magnifique hospitalité, et je lui demandai s'il était débarrassé de sa migraine.

— À peu près, dit-il. Jusqu'à une nouvelle crise, ajouta-t-il avec une expression de tristesse. Êtes-vous tolérablement ici ? Veuillez vous rappeler que vous êtes chez les barbares. Il ne faut pas être difficile en Samogitie.

Je l'assurai que je me trouvais à merveille. Tout en lui parlant, je ne pouvais m'empêcher de le considérer avec une curiosité que je trouvais moi-même impertinente. Son regard avait quelque chose d'étrange qui me rappelait malgré moi celui de l'homme que la veille j'avais vu grimpé sur l'arbre... Mais quelle apparence, me disais-je, que M. le comte Szémioth grimpe aux arbres la nuit ?

Il avait le front haut et bien développé, quoique un peu étroit. Ses traits étaient d'une grande régularité ; seulement, ses yeux étaient trop rapprochés, et il me sembla que, d'une glandule lacrymale à l'autre, il n'y avait pas la place d'un œil, comme l'exige le canon des sculpteurs grecs. Son regard était perçant. Nos yeux se rencontrèrent plusieurs fois malgré nous, et nous les détournions l'un

---

9. De Boukhara, au Turkestan (russe).

et l'autre avec un certain embarras. Tout à coup le comte éclatant de rire s'écria :

— Vous m'avez reconnu !

— Reconnu !

— Oui, vous m'avez surpris hier, faisant le franc polisson.

— Oh ! monsieur le comte !...

— J'avais passé toute la journée très souffrant, enfermé dans mon cabinet. Le soir, me trouvant mieux, je me suis promené dans le jardin. J'ai vu de la lumière chez vous, et j'ai cédé à un mouvement de curiosité... J'aurais dû me nommer et me présenter, mais la situation était si ridicule... J'ai eu honte et je me suis enfui... Me pardonnez-vous de vous avoir dérangé au milieu de votre travail ?

Tout cela était dit d'un ton qui voulait être badin ; mais il rougissait et était évidemment mal à son aise. Je fis tout ce qui dépendait de moi pour lui persuader que je n'avais gardé aucune impression fâcheuse de cette première entrevue, et, pour couper court à ce sujet, je lui demandai s'il était vrai qu'il possédât le *Catéchisme* samogitien du père Lawicki ?

— Cela se peut ; mais, à vous dire la vérité, je ne connais pas trop la bibliothèque de mon père. Il aimait les vieux livres et les raretés. Moi, je ne lis guère que des ouvrages modernes ; mais nous chercherons, monsieur le professeur. Vous voulez donc que nous lisions l'Évangile en jmoude ?

— Ne pensez-vous pas, monsieur le comte, qu'une traduction des Écritures dans la langue de ce pays ne soit très désirable ?

— Assurément ; pourtant, si vous voulez bien me permettre une petite observation, je vous dirai que, parmi les gens qui ne savent d'autre langue que le jmoude, il n'y en a pas un seul qui sache lire.

— Peut-être ; mais je demande à Votre Excellence* la

---

* *Siatelstvo.* « Votre *Éclat lumineux* » ; c'est le titre qu'on donne à un comte.

permission de lui faire remarquer que la plus grande des difficultés pour apprendre à lire, c'est le manque de livres. Quand les pays samogitiens auront un texte imprimé, ils voudront le lire, et ils apprendront à lire... C'est ce qui est arrivé déjà à bien des sauvages..., non que je veuille appliquer cette qualification aux habitants de ce pays... D'ailleurs, ajoutai-je, n'est-ce pas une chose déplorable qu'une langue disparaisse sans laisser de traces ? Depuis une trentaine d'années, le *prussien* n'est plus qu'une langue morte. La dernière personne qui savait le *cornique*[10] est morte l'autre jour.

— Triste ! interrompit le comte. Alexandre de Humboldt racontait à mon père qu'il avait connu en Amérique un perroquet qui seul savait quelques mots de la langue d'une tribu aujourd'hui entièrement détruite par la petite vérole. Voulez-vous permettre qu'on apporte le thé ici ?

Pendant que nous prenions le thé, la conversation roula sur la langue jmoude. Le comte blâmait la manière dont les Allemands ont imprimé le lithuanien, et il avait raison.

— Votre alphabet, disait-il, ne convient pas à notre langue. Vous n'avez ni notre J, ni notre L, ni notre Y, ni notre E. J'ai une collection de *daïnos* publiée l'année passée à Kœnigsberg, et j'ai toutes les peines du monde à deviner les mots, tant ils sont étrangement figurés.

— Votre Excellence parle sans doute des *daïnos* de Lessner ?

— Oui. C'est de la poésie bien plate, n'est-ce pas ?

— Peut-être eût-il trouvé mieux. Je conviens que, tel qu'il est, ce recueil n'a qu'un intérêt purement philologique ; mais je crois qu'en cherchant bien, on parviendrait à recueillir des fleurs plus suaves parmi vos poésies populaires.

— Hélas ! j'en doute fort, malgré tout mon patriotisme.

— Il y a quelques semaines, on m'a donné à Wilno une ballade vraiment belle, de plus historique... La poésie en

---

10. Ancienne langue celtique de Cornouailles.

est remarquable... Me permettriez-vous de vous la lire ? Je l'ai dans mon portefeuille.

— Très volontiers.

Il s'enfonça dans son fauteuil après m'avoir demandé la permission de fumer.

— Je ne comprends la poésie qu'en fumant, dit-il.

— Cela est intitulé *les Trois Fils de Boudrys*.

— *Les Trois Fils de Boudrys ?* s'écria le comte avec un mouvement de surprise.

— Oui. Boudrys, Votre Excellence le sait mieux que moi, est un personnage historique.

Le comte me regardait fixement avec son regard singulier. Quelque chose d'indéfinissable, à la fois timide et farouche, qui produisait une impression presque pénible, quand on n'y était pas habitué. Je me hâtai de lire pour y échapper.

LES TROIS FILS DE BOUDRYS

« Dans la cour de son château, le vieux Boudrys appelle ses trois fils, trois vrais Lithuaniens comme lui. Il leur dit :

— Enfants, faites manger vos chevaux de guerre, apprêtez vos selles ; aiguisez vos sabres et vos javelines. On dit qu'à Wilno la guerre est déclarée contre les trois coins du monde. Olgerd marchera contre les Russes ; Skirghello contre nos voisins les Polonais ; Keystut tombera sur les Teutons*. Vous êtes jeunes, forts, hardis, allez combattre : que les dieux de la Lithuanie vous protègent ! Cette année, je ne ferai pas campagne, mais je veux vous donner un conseil. Vous êtes trois, trois routes s'ouvrent à vous.

« Qu'un de vous accompagne Olgerd en Russie, aux bords du lac Ilmen, sous les murs de Novgorod. Les peaux d'hermine, les étoffes brochées s'y trouvent à foison. Chez les marchands autant de roubles que de glaçons dans le fleuve.

---

* Les chevaliers de l'ordre teutonique.

« Que le second suive Keystut dans sa chevauchée. Qu'il mette en pièces la racaille porte-croix ! L'ambre, là, c'est leur sable de mer ; leurs draps, par leur lustre et leurs couleurs, sont sans pareils. Il y a des rubis dans les vêtements de leurs prêtres.

« Que le troisième passe le Niémen avec Skirghello. De l'autre côté, il trouvera de vils instruments de labourage. En revanche, il pourra choisir de bonnes lances, de forts boucliers, et il m'en ramènera une bru.

« Les filles de Pologne, enfants, sont les plus belles de nos captives. Folâtres comme des chattes, blanches comme la crème ! sous leurs noirs sourcils, leurs yeux brillent comme deux étoiles. Quand j'étais jeune, il y a un demi-siècle, j'ai ramené de Pologne une belle captive qui fut ma femme. Depuis longtemps, elle n'est plus, mais je ne puis regarder de ce côté du foyer sans penser à elle ! »

« Il donne sa bénédiction aux jeunes gens, qui déjà sont armés et en selle. Ils partent ; l'automne vient, puis l'hiver... Ils ne reviennent pas. Déjà le vieux Boudrys les tient pour morts.

« Vient une tourmente de neige ; un cavalier s'approche, couvrant de sa bourka* noire quelque précieux fardeau.

— C'est un sac, dit Boudrys. Il est plein de roubles de Novgorod ?...

— Non, père. Je vous amène une bru de Pologne.

« Au milieu d'une tourmente de neige, un cavalier s'approche et sa bourka se gonfle sur quelque précieux fardeau.

— Qu'est cela, enfant ? De l'ambre jaune d'Allemagne ?

— Non père. Je vous ramène une bru de Pologne.

« La neige tombe en rafales ; un cavalier s'avance cachant sous sa bourka quelque fardeau précieux... Mais, avant qu'il ait montré son butin, Boudrys a convié ses amis à une troisième noce. »

— Bravo ! monsieur le professeur, s'écria le comte :

---

* Manteau de feutre.

vous prononcez le jmoude à merveille ; mais qui vous a communiqué cette joli *daïna* ?

— Une demoiselle dont j'ai eu l'honneur de faire la connaissance à Wilno, chez la princesse Katanzyna Paç.

— Et vous l'appelez ?

— La *panna*[11] Iwinska.

— Mademoiselle Ioulka* ! s'écria le comte. La petite folle ! J'aurais dû le deviner ! Mon cher professeur, vous savez le jmoude et toutes les langues savantes, vous avez lu tous les vieux livres ; mais vous vous êtes laissé mystifier par une petite[12] fille qui n'a lu que des romans. Elle vous a traduit, en jmoude plus ou moins correct, une des jolies ballades de Mickiewicz, que vous n'avez pas lue, parce qu'elle n'est pas plus vieille que moi. Si vous le désirez, je vais vous la montrer en polonais, ou, si vous préférez une excellente traduction russe, je vous donnerai Pouchkine.

J'avoue que je demeurai tout interdit. Quelle joie pour le professeur de Dorpat, si j'avait publié comme originale la *daïna* des fils de Boudrys !

Au lieu de s'amuser de mon embarras, le comte, avec une exquise politesse, se hâta de détourner la conversation.

— Ainsi, dit-il, vous connaissez mademoiselle Ioulka !

— J'ai eu l'honneur de lui être présenté.

— Et qu'en pensez-vous ? Soyez franc.

— C'est une demoiselle fort aimable.

— Cela vous plaît à dire.

— Elle est très jolie.

— Hon !

— Comment ! n'a-t-elle pas les plus beaux yeux du monde ?

— Oui...

— Une peau d'une blancheur vraiment extraordinaire ?... Je me rappelle un ghazel persan où un amant

---

* Julienne

11. Demoiselle. — 12. Jeune.

célèbre la finesse de la peau de sa maîtresse : « Quand elle boit du vin rouge, dit-il, on le voit passer le long de sa gorge. » La *panna* Iwinska m'a fait penser à ces vers persans.

— Peut-être mademoiselle Ioulka présente-t-elle ce phénomène ; mais je ne sais trop si elle a du sang dans les veines... Elle n'a point de cœur... Elle est blanche comme la neige et froide comme elle !...

Il se leva et se promena quelque temps par la chambre sans parler et, comme il me semblait, pour cacher son émotion ; puis, s'arrêtant tout à coup :

— Pardon, dit-il ; nous parlions, je crois, de poésies populaires...

— En effet, monsieur le comte.

— Il faut convenir après tout qu'elle a très joliment traduit Mickiewicz... « Folâtre comme une chatte..., blanche comme la crème..., ses yeux brillent comme deux étoiles... » C'est son portrait. Ne trouvez-vous pas ?

— Tout à fait, monsieur le comte.

— Et quant à cette espièglerie... très déplacée sans doute..., la pauvre enfant s'ennuie chez une vieille tante... Elle mène une vie de couvent.

— A Wilno, elle allait dans le monde. Je l'ai vue dans un bal donné par les officiers du régiment de...

— Ah oui, de jeunes officiers, voilà la société qui lui convient ! Rire avec l'un, médire avec l'autre, faire des coquetteries à tous... Voulez-vous voir la bibliothèque de mon père, monsieur le professeur ?

Je le suivis jusqu'à une grande galerie où il y avait beaucoup de livres bien reliés, mais rarement ouverts, comme on en pouvait juger à la poussière qui en couvrait les tranches. Qu'on juge de ma joie lorsqu'un des premiers volumes que je tirai d'une armoire se trouva être le *Catechismus Samogiticus* ! Je ne pus m'empêcher de jeter un cri de plaisir. Il faut qu'une sorte de mystérieuse attraction exerce son influence à notre insu... Le comte prit le livre et, après l'avoir feuilleté négligemment, écrivit sur la garde : *À M. le professeur Wittembach, offert par*

Michel Szémioth. Je ne saurais exprimer ici le transport de ma reconnaissance, et je me promis mentalement qu'après ma mort ce livre précieux ferait l'ornement de la bibliothèque de l'université où j'ai pris mes grades[13].

— Veuillez considérer cette bibliothèque comme votre cabinet de travail, me dit le comte, vous n'y serez jamais dérangé.

CHAPITRE III

Le lendemain, après le déjeuner, le comte me proposa de faire une promenade. Il s'agissait de visiter un *kapas* (c'est ainsi que les Lithuaniens appellent les tumulus[14] auxquels les Russes donnent le nom de *kourgâne*) très célèbre dans le pays, parce qu'autrefois les poètes et les sorciers, c'était tout un, s'y réunissaient en certaines occasions solennelles.

— J'ai, me dit-il, un cheval fort doux à vous offrir ; je regrette de ne pouvoir vous mener en calèche ; mais, en vérité, le chemin où nous allons nous engager n'est nullement carrossable.

J'aurais préféré demeurer dans la bibliothèque à prendre des notes, mais je ne crus pas devoir exprimer un autre désir que celui de mon généreux hôte, et j'acceptai. Les chevaux nous attendaient au bas du perron ; dans la cour, un valet tenait un chien en laisse. Le comte s'arrêta un instant et, se tournant vers moi :

— Monsieur le professeur, vous connaissez-vous en chiens ?

— Fort peu, Votre Excellence.

— Le staroste de Zorany, où j'ai une terre, m'envoie cet épagneul, dont il dit merveille. Permettez-vous que je le voie ? Il appela le valet, qui lui amena le chien. C'était une fort belle bête. Déjà familiarisé avec cet homme, le

---

13. Acquis mes titres universitaires. — 14. Tertres recouvrant des sépultures antiques.

chien sautait gaiement et semblait plein de feu ; mais, à quelques pas du comte, il mit la queue entre les jambes, se rejeta en arrière et parut frappé d'une terreur subite. Le comte le caressa, ce qui le fit hurler d'une façon lamentable et, après l'avoir considéré quelque temps avec l'œil d'un connaisseur, il dit :

— Je crois qu'il sera bon. Qu'on en ait soin.

Puis il se mit en selle.

— Monsieur le professeur, me dit le comte, dès que nous fûmes dans l'avenue du château, vous venez de voir la peur de ce chien. J'ai voulu que vous en fussiez témoin par vous-même... En votre qualité de savant, vous devez expliquer les énigmes... Pourquoi les animaux ont-ils peur de moi ?

— En vérité, monsieur le comte, vous me faites l'honneur de me prendre pour un Œdipe[15]. Je ne suis qu'un pauvre professeur de linguistique comparée. Il se pourrait...

— Notez, interrompit-il, que je ne bats jamais les chevaux ni les chiens. Je me ferais scrupule de donner un coup de fouet à une pauvre bête qui fait une sottise sans le savoir. Pourtant, vous ne sauriez croire l'aversion que j'inspire aux chevaux et aux chiens. Pour les habituer à moi, il me faut deux fois plus de peine et deux fois plus de temps que n'en mettrait un autre. Tenez, le cheval que vous montez, j'ai été longtemps avant de le réduire ; maintenant, il est doux comme un mouton.

— Je crois, monsieur le comte, que les animaux sont physionomistes, et qu'ils découvrent tout de suite si une personne qu'ils voient pour la première fois a ou non du goût pour eux. Je soupçonne que vous n'aimez les animaux que pour les services qu'ils vous rendent ; au contraire, quelques personnes ont une partialité naturelle pour certaines bêtes, qui s'en aperçoivent à l'instant. Pour moi, par exemple, j'ai, depuis mon enfance, une prédilection instinctive pour les chats. Rarement ils s'enfuient

---

15. Qui avait pu répondre à la devinette du Sphinx.

quand je m'approche pour les caresser ; jamais un chat ne m'a griffé.

— Cela est fort possible, dit le comte. En effet, je n'ai pas ce qui s'appelle du goût pour les animaux... Ils ne valent guère mieux que les hommes. Je vous mène, monsieur le professeur, dans une forêt où, à cette heure, existe florissant l'empire des bêtes, la *matecznick*, la grande matrice, la grande fabrique des êtres. Oui, selon nos traditions nationales, personne n'en a sondé les profondeurs, personne n'a pu atteindre le centre de ces bois et de ces marécages, excepté, bien entendu, MM. les poètes et les sorciers, qui pénètrent partout... Là vivent en république les animaux... ou sous un gouvernement constitutionnel, je ne saurais dire lequel des deux. Les lions, les ours, les élans, les *joubrs*, ce sont nos urus, tout cela fait très bon ménage. Le mammouth, qui s'est conservé là, jouit d'une très grande considération. Il est, je crois, maréchal de la diète[16]. Ils ont une police très sévère et, quand ils trouvent quelque bête vicieuse, ils la jugent et l'exilent. Elle tombe alors de fièvre en chaud mal. Elle est obligée de s'aventurer dans le pays des hommes. Peu en réchappent*.

— Fort curieuse légende, m'écriai-je ; mais, monsieur le comte, vous parlez de l'urus ; ce noble animal que César a décrit dans ses *Commentaires*, et que les rois mérovingiens chassaient dans la forêt de Compiègne, existe-t-il réellement encore en Lithuanie, ainsi que je l'ai ouï dire ?

— Assurément. Mon père a tué lui-même un joubr, avec une permission du gouvernement, bien entendu. Vous avez pu en voir la tête dans la grande salle. Moi, je n'en ai jamais vu, je crois que les joubrs sont très rares. En revanche, nous avons ici des loups et des ours à foison. C'est pour une rencontre possible avec un de ces mes-

---

* Voir *Messire Thaddée*, de Mickiewicz ; — *la Pologne captive*, de M. Charles Edmond.
16. Assemblée réglant des affaires publiques.

sieurs que j'ai apporté cet instrument (il montrait une *tchékhole** circassienne qu'il avait en bandoulière), et mon groom[17] porte à l'arçon une carabine à deux coups.

Nous commencions à nous engager dans la forêt. Bientôt le sentier fort étroit que nous suivions disparut. À tout moment, nous étions obligés de tourner autour d'arbres énormes, dont les branches basses nous barraient le passage. Quelques-uns, morts de vieillesse et renversés, nous présentaient comme un rempart couronné par une ligne de chevaux de frise[18] impossible à franchir. Ailleurs, nous rencontrions des mares profondes couvertes de nénuphars et de lentilles d'eau. Plus loin, nous voyions des clairières dont l'herbe brillait comme des émeraudes ; mais malheur à qui s'y aventurerait, car cette riche et trompeuse végétation cache d'ordinaire des gouffres de boue où cheval et cavalier disparaîtraient à jamais... Les difficultés de la route avaient interrompu notre conversation. Je mettais tous mes soins à suivre le comte, et j'admirais l'imperturbable sagacité avec laquelle il se guidait sans boussole, et retrouvait toujours la direction idéale qu'il fallait suivre pour arriver au *kapas*. Il était évident qu'il avait longtemps chassé dans ces forêts sauvages.

Nous aperçûmes enfin le tumulus au centre d'une large clairière. Il était fort élevé, entouré d'un fossé encore bien reconnaissable malgré les broussailles et les éboulements. Il paraît qu'on l'avait déjà fouillé. Au sommet, je remarquai les restes d'une construction en pierres, dont quelques-unes étaient calcinées. Une quantité notable de cendres mêlées de charbon et çà et là des tessons de poteries grossières attestaient qu'on avait entretenu du feu au sommet du tumulus pendant un temps considérable. Si on ajoute foi aux traditions vulgaires, des sacrifices humains auraient été célébrés autrefois sur les *kapas* ; mais il n'y a guère de religion éteinte à laquelle on n'ait imputé ces rites abominables, et je doute qu'on pût jus-

---

* Étui de fusil circassien.
17. Très jeune laquais. — 18. Barrières hérissées de pointes de fer.

tifier pareille opinion à l'égard des anciens Lithuaniens par des témoignages historiques.

Nous descendions le tumulus, le comte et moi, pour retrouver nos chevaux, que nous avions laissés de l'autre côté du fossé, lorsque nous vîmes s'avancer vers nous une vieille femme s'appuyant sur un bâton et tenant une corbeille à la main.

— Mes bons seigneurs, nous dit-elle en nous joignant, veuillez me faire la charité pour l'amour du bon Dieu. Donnez-moi de quoi acheter un verre d'eau-de-vie pour réchauffer mon pauvre corps.

Le comte lui jeta une pièce d'argent et lui demanda ce qu'elle faisait dans les bois, si loin de tout endroit habité. Pour toute réponse, elle lui montra son panier, qui était rempli de champignons. Bien que mes connaissances en botanique soient fort bornées, il me sembla que plusieurs de ces champignons appartenaient à des espèces vénéneuses.

— Bonne femme, lui dis-je, vous ne comptez pas, j'espère, manger cela ?

— Mon bon seigneur, répondit la vieille avec un soupire triste, les pauvres gens mangent tout ce que le bon Dieu leur donne.

— Vous ne connaissez pas nos estomacs lithuaniens, reprit le comte ; ils sont doublés de fer-blanc. Nos paysans mangent tous les champignons qu'ils trouvent, et ne s'en portent que mieux.

— Empêchez-la du moins de goûter de l'*agaricus necator* [19], que je vois dans son panier, m'écriai-je.

Et j'étendis la main pour prendre un champignon des plus vénéneux ; mais la vieille retira vivement la panier.

— Prends garde, dit-elle d'un ton d'effroi ; ils sont gardés... *Pirkuns ! Pirkuns !*

Pirkuns, pour le dire en passant, est le nom samogitien de la divinité que les Russes appellent *Péroune* ; c'est le Jupiter *tonans* des Slaves. Si je fus surpris d'entendre la

---

19. « Agaric mortel » (fausse oronge).

vieille invoquer un dieu du paganisme, je le fus bien davantage de voir les champignons se soulever. La tête noire d'un serpent en sortit et s'éleva d'un pied au moins hors du panier. Je fis un saut en arrière, et le comte cracha par-dessus son épaule, selon l'habitude superstitieuse des Slaves, qui croient détourner ainsi les maléfices, à l'exemple des anciens Romains. La vieille posa le panier à terre, s'accroupit à côté ; puis, la main étendue vers le serpent, elle prononça quelques mots inintelligibles qui avaient l'air d'une incantation. Le serpent demeura immobile pendant une minute ; puis, s'enroulant autour du bras décharné de la vieille, disparut dans la manche de sa capote en peau de mouton qui, avec une mauvaise chemise, composait, je crois, tout le costume de cette Circé[20] lithuanienne. La vieille nous regardait avec un petit rire de triomphe, comme un escamoteur qui vient d'exécuter un tour difficile. Il y avait dans sa physionomie ce mélange de finesse et de stupidité qui n'est pas rare chez les prétendus sorciers, pour la plupart à la fois dupes et fripons.

— Voici, me dit le comte en allemand, un échantillon de *couleur locale* ; une sorcière qui charme un serpent, au pied d'un *kapas*, en présence d'un savant professeur et d'un ignorant gentilhomme lithuanien. Cela ferait un joli sujet de tableau de genre pour votre compatriote Knauss... Avez-vous envie de vous faire tirer votre bonne aventure ? Vous avez ici une belle occasion.

Je lui répondis que je me garderais bien d'encourager de semblables pratiques.

— J'aime mieux, ajoutai-je, lui demander si elle ne sait pas quelque détail sur la curieuse tradition dont vous m'avez parlé. — Bonne femme, dis-je à la vieille, n'as-tu pas entendu parler d'un canton de cette forêt où les bêtes vivent en communauté, ignorant l'empire de l'homme ?

La vieille fit un signe de tête affirmatif et, avec son petit rire moitié niais, moitié malin :

---

20. Sorcière, dans l'*Odyssée* d'Homère.

— J'en viens, dit-elle. Les bêtes ont perdu leur roi. *Noble*, le lion[21], est mort ; les bêtes vont élire un autre roi. Vas-y, tu seras roi, peut-être.

— Que dis-tu là, la mère, s'écria le comte éclatant de rire. Sais-tu bien à qui tu parles ? Tu ne sais donc pas que monsieur est... (comment diable dit-on un professeur en jmoude ?) monsieur est un grand savant, un sage, un *waidelote**.

La vieille le regarda avec attention.

— J'ai tort, dit-elle ; c'est toi qui dois aller là-bas. Tu sera leur roi, non pas lui ; tu es grand, tu es fort, tu as griffes et dents...

— Que dites-vous des épigrammes qu'elle nous décoche ? me dit le comte. — Tu sais le chemin, ma petite mère ? lui demanda-t-il.

Elle lui indiqua de la main une partie de la forêt.

— Oui-da ? reprit le comte, et le marais, comment fais-tu pour le traverser ? — Vous saurez, monsieur le professeur, que du côté qu'elle indique est un marais infranchissable, un lac de boue liquide recouvert d'herbe verte. L'année dernière, un cerf blessé par moi s'est jeté dans ce diable de marécage. Je l'ai vu s'enfoncer lentement, lentement... Au bout de deux minutes, je ne voyais plus que son bois ; bientôt tout a disparu ; et deux de mes chiens avec lui.

— Mais, moi, je ne suis pas lourde, dit la vieille en ricanant.

— Je crois que tu traverses le marécage sans peine, sur un manche à balai.

Un éclair de colère brilla dans les yeux de la vieille.

— Mon bon seigneur, dit-elle en reprenant le ton traînant et nasillard des mendiants, n'aurais-tu pas une pipe de tabac à donner à une pauvre femme ? — Tu ferais mieux, ajouta-t-elle en baissant la voix, de chercher le

---

* Mauvaise traduction du mot professeur, les *waidelotes* étaient des bardes lithuaniens.
21. Il porte ce nom dans le *Roman de Renart* médiéval.

passage du marais que d'aller à Dowghielly.

— Dowghielly ! s'écria le comte en rougissant. Que veux-tu dire ?

Je ne pus m'empêcher de remarquer que ce mot produisait sur lui un effet singulier. Il était évidemment embarrassé ; il baissa la tête et, afin de cacher son trouble, se donna beaucoup de peine pour ouvrir son sac à tabac, suspendu à la poignée de son couteau de chasse.

— Non, ne va pas à Dowghielly, reprit la vieille. La petite colombe blanche n'est pas ton fait. N'est-ce pas, Pirkuns ?

En ce moment, la tête du serpent sortit par le collet de la vieille capote et s'allongea jusqu'à l'oreille de sa maîtresse. Le reptile, dressé sans doute à ce manège, remuait les mâchoires comme s'il parlait.

— Il dit que j'ai raison, ajouta la vieille.

Le comte lui mit dans la main une poignée de tabac.

— Tu me connais ? lui demanda-t-il.

— Non, mon bon seigneur.

— Je suis le propriétaire de Médintiltas. Viens me voir un de ces jours. Je te donnerai du tabac et de l'eau-de-vie.

La vieille lui baisa la main, et s'éloigna à grands pas. En un instant nous l'eûmes perdue de vue. Le comte demeura pensif, nouant et dénouant les cordons de son sac, sans trop savoir ce qu'il faisait.

— Monsieur le professeur, me dit-il après un assez long silence, vous allez vous moquer de moi. Cette vieille drôlesse me connaît mieux qu'elle ne le prétend, et le chemin qu'elle vient de me montrer... Après tout, il n'y a rien de bien étonnant dans tout cela. Je suis connu dans le pays comme le loup blanc. La coquine m'a vu plus d'une fois sur le chemin du château de Dowghielly... Il y a là une demoiselle à marier : elle a conclu que j'en étais amoureux... Puis quelque joli garçon lui aura graissé la patte pour qu'elle m'annonçât sinistre aventure... Tout cela saute aux yeux ; pourtant..., malgré moi, ses paroles me touchent. J'en suis presque effrayé... Vous riez et vous avez raison... La vérité est que j'avais projeté d'aller demander à dîner au château de Dowghielly, et maintenant j'hésite... Je suis un grand fou ! Voyons, monsieur le professeur, décidez vous-même. Irons-nous ?

— Je me garderai bien d'avoir un avis, lui répondis-je en riant. En matière de mariage, je ne donne jamais de conseil.

Nous avions rejoint nos chevaux. Le comte sauta lestement en selle et, laissant tomber les rênes, il s'écria :

— Le cheval choisira pour nous !

Le cheval n'hésita pas ; il entra sur-le-champ dans un petit sentier qui, après plusieurs détours, tomba dans une route ferrée[22], et cette route menait à Dowghielly. Une demi-heure après, nous étions au perron du château.

Au bruit que firent nos chevaux, une jolie tête blonde se montra à une fenêtre entre deux rideaux. Je reconnus la perfide traductrice de Mickiewicz.

— Soyez le bienvenu ! dit-elle. Vous ne pouviez venir plus à propos, comte Szémioth. Il m'arrive à l'instant une robe de Paris. Vous ne me reconnaîtrez pas, tant je serai belle.

Les rideaux se refermèrent. En montant le perron, le comte disait entre ses dents :

— Assurément, ce n'est pas pour moi qu'elle étrennait cette robe...

Il me présenta à madame Dowghiello, la tante de la *panna* Iwinska, qui me reçut obligeamment et me parla de mes derniers articles dans la *Gazette scientifique et littéraire* de Kœnigsberg.

— M. le professeur, dit le comte, vient se plaindre à vous de mademoiselle Julienne, qui lui a joué un tour très méchant.

— C'est une enfant, monsieur le professeur. Il faut lui pardonner. Souvent elle me désespère avec ses folies. À seize ans, moi, j'étais plus raisonnable qu'elle ne l'est à vingt ; mais c'est une bonne fille au fond, et elle a toutes

---

22. Solidifiée par un fond de cailloux.

les qualités solides. Elle est très bonne musicienne, elle peint divinement les fleurs, elle parle également bien le français, l'allemand, l'italien... Elle brode...

— Et elle fait des vers jmoudes ! ajouta le comte en riant.

— Elle en est incapable ! s'écria madame Dowghiello, à qui il fallut expliquer l'espièglerie de sa nièce.

Madame Dowghiello était instruite et connaissait les antiquités de son pays. Sa conversation me plut singulièrement. Elle lisait beaucoup nos revues allemandes, et avait des notions très saines sur la linguistique. J'avoue que je ne m'aperçus pas du temps que mademoiselle Iwinska mit à s'habiller ; mais il parut long au comte Szémioth, qui se levait, se rasseyait, regardait à la fenêtre, et tambourinait de ses doigts sur les vitres comme un homme qui perd patience.

Enfin, au bout de trois quarts d'heure parut, suivie de sa gouvernante française, mademoiselle Julienne, portant avec grâce et fierté une robe dont la description exigerait des connaissances bien supérieures aux miennes.

— Ne suis-je pas belle ? demanda-t-elle au comte en tournant lentement sur elle-même pour qu'il pût la voir de tous les côtés.

Elle ne regardait ni le comte ni moi, elle regardait sa robe.

— Comment, Ioulka, dit madame Dowghiello, tu ne dis pas bonjour à M. le professeur, qui se plaint de toi ?

— Ah ! monsieur le professeur ! s'écria-t-elle avec une petite moue charmante, qu'ai-je donc fait ? Est-ce que vous allez me mettre en pénitence ?

— Nous nous y mettrions nous-mêmes, mademoiselle, lui répondis-je, si nous nous privions de votre présence. Je suis loin de me plaindre ; je me félicite, au contraire, d'avoir appris, grâce à vous, que la muse lithuanienne renaît plus brillante que jamais.

Elle baissa la tête et, mettant ses mains devant son visage, en prenant soin de ne pas déranger ses cheveux :

— Pardonnez-moi, je ne le ferai plus ! dit-elle du ton

d'un enfant qui vient de voler des confitures.

— Je ne vous pardonnerai, chère Pani, lui dit-je, que lorsque vous aurez rempli certaine promesse que vous avez bien voulu me faire à Wilno, chez la princesse Katanzyna Paç.

— Quelle promesse ? dit-elle, relevant la tête en riant.

— Vous l'avez déjà oubliée ? Vous m'avez promis que si nous nous rencontrions en Samogitie, vous me feriez voir une certaine danse du pays dont vous disiez merveille.

— Oh ! la roussalka ! J'y suis ravissante, et voilà justement l'homme qu'il me faut.

Elle courut à une table où il y avait des cahiers de musique, en feuilleta un précipitamment, le mit sur le pupitre d'un piano et, s'adressant à sa gouvernante :

— Tenez, chère âme, *allegro presto*.

Et elle joua elle-même, sans s'asseoir, la ritournelle pour indiquer le mouvement.

— Avancez ici, comte Michel ; vous êtes trop Lithuanien pour ne pas bien danser la roussalka... ; mais dansez comme un paysan, entendez-vous ?

Madame Dowghiello essaya d'une remontrance, mais en vain. Le comte et moi, nous insistâmes. Il avait ses raisons, car son rôle dans ce pas était des plus agréables, comme l'on verra bientôt. La gouvernante, après quelques essais, dit qu'elle croyait pouvoir jouer cette espèce de valse, quelque étrange qu'elle fût, et mademoiselle Iwinska, ayant rangé quelques chaises et une table qui auraient pu la gêner, prit son cavalier par le collet de l'habit et l'amena au milieu du salon.

— Vous saurez, monsieur le professeur, que je suis une roussalka, pour vous servir.

Elle fit une grande révérence.

— Une roussalka est une nymphe des eaux. Il y en a une dans toutes ces mares pleines d'eau noire qui embellissent nos forêts. Ne vous en approchez pas ! La roussalka sort, encore plus jolie que moi, si c'est possible ; elle vous emporte au fond où, selon toute apparence, elle vous croque...

— Une vraie sirène ! m'écriai-je.

— Lui, continua mademoiselle Iwinska en montrant le comte Szémioth, est un jeune pêcheur, fort niais, qui s'expose à mes griffes, et moi, pour faire durer le plaisir, je vais le fasciner en dansant un peu autour de lui... Ah ! mais, pour bien faire, il me faudrait un sarafane*. Quel dommage !... Vous voudrez bien excuser cette robe, qui n'a pas de caractère, pas de couleur locale... Oh ! et j'ai des souliers ! impossible de danser la roussalka avec des souliers !... et à talons encore !

Elle souleva sa robe et, secouant avec beaucoup de grâce un joli pied, au risque de montrer un peu sa jambe, elle envoya son soulier au bout du salon. L'autre suivit le premier, et elle resta sur le parquet avec ses bas de soie.

— Tout est prêt, dit-elle à la gouvernante.

Et la danse commença.

La roussalka tourne et retourne autour de son cavalier. Il étend les bras pour la saisir, elle passe par-dessous lui et lui échappe. Cela est très gracieux, et la musique a du mouvement et de l'originalité. La figure se termine lorsque, le cavalier croyant saisir la roussalka pour lui donner un baiser, elle fait un bond, le frappe sur l'épaule, et il tombe à ses pieds comme mort... Mais le comte improvisa une variante, qui fut d'étreindre l'espiègle dans ses bras et de l'embrasser bel et bien. Mademoiselle Iwinska poussa un petit cri, rougit beaucoup et alla tomber sur un canapé d'un air boudeur, en se plaignant qu'il l'eût serrée comme un ours qu'il était. Je vis que la comparaison ne plut pas au comte, car elle lui rappelait un malheur de famille ; son front se rembrunit. Pour moi, je remerciai vivement mademoiselle Iwinska, et donnai des éloges à sa danse, qui me parut avoir un caractère tout antique, rappelant les danses sacrées des Grecs. Je fus interrompu par un domestique annonçant le général et la princesse Véliaminof. Mademoiselle Iwinska fit un bond du canapé à ses souliers, y enfonça à la hâte ses petits pieds et courut au-

---

* Robe des paysannes, sans corsage.

devant de la princesse, à qui elle fit coup sur coup deux profondes révérences. Je remarquai qu'à chacune elle relevait adroitement le quartier[23] de son soulier. Le général amenait deux aides de camp et, comme nous, venait demander la fortune du pot. Dans tout autre pays, je pense qu'une maîtresse de maison eût été un peu embarrassée de recevoir à la fois six hôtes inattendus et de bon appétit ; mais telle est l'abondance et l'hospitalité des maisons lithuaniennes, que le dîner ne fut pas retardé, je pense, de plus d'une demi-heure. Seulement, il y avait trop de pâtés chauds et froids.

CHAPITRE IV

Le dîner fut fort gai. Le général nous donna des détails très intéressants sur les langues qui se parlent dans le Caucase, et dont les unes sont *aryennes* et les autres *touraniennes*, bien qu'entre les différentes peuplades il y ait une remarquable conformité de mœurs et de coutumes. Je fus obligé moi-même de parler de mes voyages, parce que, le comte Szémioth m'ayant félicité sur la manière dont je montais à cheval, et ayant dit qu'il n'avait jamais rencontré de ministre ni de professeur qui pût fournir si lestement une traite telle que celle que nous venions de faire, je dus lui expliquer que, chargé par la Société biblique d'un travail sur la langue des *Charruas*, j'avais passé trois ans et demi dans la république de l'Uruguay, presque toujours à cheval et vivant dans les pampas, parmi les Indiens. C'est ainsi que je fus conduit à raconter qu'ayant été trois jours égaré dans ces plaines sans fin, n'ayant pas de vivres ni d'eau, j'avais été réduit à faire comme les *gauchos* qui m'accompagnaient, c'est-à-dire à saigner mon cheval et boire son sang.

Toutes les dames poussèrent un cri d'horreur. Le

---

23. Pièce(s) de cuir environnant le talon (Ioulka achève discrètement de se rechausser).

général remarqua que les Kalmouks en usaient de même en de semblables extrémités. Le comte me demanda comment j'avais trouvé cette boisson.

— Moralement, répondis-je, elle me répugnait fort ; mais, physiquement, je m'en trouvai fort bien, et c'est à elle que je dois l'honneur de dîner aujourd'hui. Beaucoup d'Européens, je veux dire de blancs, qui ont longtemps vécu avec les Indiens, s'y habituent et même y prennent goût. Mon excellent ami, don Fructuoso Rivero, président de la république, perd rarement l'occasion de le satisfaire. Je me souviens qu'un jour, allant au congrès en grand uniforme, il passa devant un *rancho* où l'on saignait un poulain. Il s'arrêta, descendit de cheval pour demander un *chupon*, une sucée ; après quoi il prononça un de ses plus éloquents discours.

— C'est un affreux monstre que votre président ! s'écria mademoiselle Iwinska.

— Pardonnez-moi, chère Pani, dis-je, c'est un homme très distingué, d'un esprit supérieur. Il parle merveilleusement plusieurs langues indiennes fort difficiles, surtout le *charrua*, à cause des innombrables formes que prend le verbe, selon son régime direct ou indirect, et même selon les rapports sociaux existant entre les personnes qui le parlent.

J'allais donner quelques détails assez curieux sur le mécanisme du verbe *charrua*, mais le comte m'interrompit pour me demander où il fallait saigner les chevaux quand on voulait boire leur sang.

— Pour l'amour de Dieu, mon cher professeur, s'écria mademoiselle Iwinska avec un air de frayeur comique, ne le lui dites pas. Il est homme à tuer toute son écurie, et à nous manger nous-mêmes quand il n'aura plus de chevaux !

Sur cette saillie, les dames quittèrent la table en riant, pour aller préparer le thé et le café, tandis que nous fumerions. Au bout d'un quart d'heure, on envoya demander au salon M. le général. Nous voulions le suivre tous ; mais on nous dit que ces dames ne voulaient qu'un homme à la fois. Bientôt, nous entendîmes au salon de grands éclats de rire et des battements de mains.

— Mademoiselle Ioulka fait des siennes, dit le comte.

On vint le demander lui-même ; nouveaux rires, nouveaux applaudissements. Ce fut mon tour après lui. Quand j'entrai dans le salon, toutes les figures avaient pris un semblant de gravité qui n'était pas de trop bon augure. Je m'attendais à quelque niche[24].

— Monsieur le professeur, me dit le général de son air le plus officiel, ces dames prétendent que nous avons fait trop d'accueil à leur champagne, et ne veulent nous admettre auprès d'elles qu'après une épreuve. Il s'agit de s'en aller les yeux bandés du milieu du salon à cette muraille, et de la toucher du doigt. Vous voyez que la chose est simple, il suffit de marcher droit. Êtes-vous en état d'observer la ligne droite ?

— Je le pense, monsieur le général.

Aussitôt, mademoiselle Iwinska me jeta un mouchoir sur les yeux et le serra de toute sa force par derrière.

— Vous êtes au milieu du salon, dit-elle, étendez la main... Bon ! Je parie que vous ne toucherez pas la muraille.

— En avant, marche ! dit le général.

Il n'y avait que cinq ou six pas à faire. Je m'avançai fort lentement, persuadé que je rencontrerais quelque corde ou quelque tabouret, traîtreusement placé sur mon chemin pour me faire trébucher. J'entendais des rires étouffés qui augmentaient mon embarras. Enfin, je me croyais tout à fait près du mur lorsque mon doigt, que j'étendais en avant, entra tout à coup dans quelque chose de froid et de visqueux. Je fis une grimace et un saut en arrière, qui fit éclater tous les assistants. J'arrachai mon bandeau, et j'aperçus près de moi mademoiselle Iwinska tenant un pot de miel où j'avais fourré le doigt, croyant toucher la muraille. Ma consolation fut de voir les deux

---

24. Farce.

aides de camp passer par la même épreuve, et ne pas faire meilleure contenance que moi.

Pendant le reste de la soirée, mademoiselle Iwinska ne cessa de donner carrière à son humeur folâtre. Toujours moqueuse, toujours espiègle, elle prenait tantôt l'un, tantôt l'autre pour objet de ses plaisanteries. Je remarquai cependant qu'elle s'adressait le plus souvent au comte qui, je dois le dire, ne se piquait jamais, et même semblait prendre plaisir à ses agaceries. Au contraire, quand elle s'attaquait à l'un des aides de camp, il fronçait le sourcil, et je voyais son œil briller de ce feu sombre qui en réalité avait quelque chose d'effrayant. « Folâtre comme une chatte et blanche comme la crème. » Il me semblait qu'en écrivant ce vers Mickiewicz avait voulu faire le portrait de la *panna* Iwinska.

CHAPITRE V

On se retira assez tard. Dans beaucoup de grandes maisons lithuaniennes, on voit une argenterie magnifique, de beaux meubles, des tapis de Perse précieux, et il n'y a pas, comme dans notre chère Allemagne, de bons lits de plume à offrir à un hôte fatigué. Riche ou pauvre, gentilhomme ou paysan, un Slave sait fort bien dormir sur une planche. Le château de Dowghielly ne faisait point exception à la règle générale. Dans la chambre où l'on nous conduisit, le comte et moi, il n'y avait que deux canapés recouverts en maroquin. Cela ne m'effrayait guère car, dans mes voyages, j'avais couché souvent sur la terre nue, et je me moquai un peu des exclamations du comte sur le manque de civilisation de ses compatriotes. Un domestique vint nous tirer nos bottes et nous donna des robes de chambre et des pantoufles. Le comte, après avoir ôté son habit, se promena quelque temps en silence ; puis, s'arrêtant devant le canapé où déjà je m'étais étendu :

— Que pensez-vous, me dit-il, de Ioulka ?

— Je la trouve charmante.

— Oui, mais si coquette !... Croyez-vous qu'elle ait du goût réellement pour ce petit capitaine blond ?

— L'aide de camp ?... Comment pourrais-je le savoir ?

— C'est un fat !... donc, il doit plaire aux femmes.

— Je nie la conclusion, monsieur le comte. Voulez-vous que je vous dise la vérité ? mademoiselle Iwinska pense beaucoup plus à plaire au comte Szémioth qu'à tous les aides de camp de l'armée.

Il rougit sans me répondre ; mais il me sembla que mes paroles lui avaient fait un sensible plaisir. Il se promena encore quelque temps sans parler ; puis, ayant regardé à sa montre :

— Ma foi, dit-il, nous ferions bien de dormir, car il est tard.

Il prit son fusil et son couteau de chasse, qu'on avait déposés dans notre chambre, et les mit dans une armoire dont il retira la clef.

— Voulez-vous la garder ? me dit-il en me la remettant à ma grande surprise ; je pourrais l'oublier. Assurément, vous avez plus de mémoire que moi.

— Le meilleur moyen de ne pas oublier vos armes, lui dis-je, serait de les mettre sur cette table, près de votre sofa.

— Non... Tenez, à parler franchement, je n'aime pas à avoir des armes près de moi quand je dors... Et la raison, la voici. Quand j'étais aux hussards de Grodno, je couchais un jour dans une chambre avec un camarade, mes pistolets étaient sur une chaise auprès de moi. La nuit, je suis réveillé par une détonation. J'avais un pistolet à la main ; j'avais fait feu, et la balle avait passé à deux pouces de la tête de mon camarade... Je ne me suis jamais rappelé le rêve que j'avais eu.

Cette anecdote me troubla un peu. J'étais bien assuré de ne pas avoir de balle dans la tête ; mais, quand je considérais la taille élevée, la carrure herculéenne de mon compagnon, ses bras nerveux couverts d'un noir duvet, je ne pouvais m'empêcher de reconnaître qu'il était parfaitement en état de m'étrangler avec ses mains, s'il faisait un mauvais rêve. Toutefois, je me gardai de lui montrer la moindre inquiétude ; seulement, je plaçai une lumière sur une chaise auprès de mon canapé, et je me mis à lire le *Catéchisme* de Lawicki, que j'avais apporté. Le comte me souhaita le bonsoir, s'étendit sur son sofa, s'y retourna cinq ou six fois ; enfin, il parut s'assoupir, bien qu'il fût pelotonné comme l'amant d'Horace qui, renfermé dans un coffre, touche sa tête de ses genoux repliés :

> ... *Turpi clausus in arca,*
> *Contractum genibus tangas caput* [25]...

De temps en temps, il soupirait avec force, ou faisait entendre une sorte de râle nerveux que j'attribuais à l'étrange position qu'il avait prise pour dormir. Une heure peut-être se passa de la sorte. Je m'assoupissais moi-même. Je fermai mon livre, et je m'arrangeais de mon mieux sur ma couche, lorsqu'un ricanement étrange de mon voisin me fit tressaillir. Je regardai le comte. Il avait les yeux fermés, tout son corps frémissait, et de ses lèvres entrouvertes s'échappaient quelques mots à peine articulés.

— Bien fraîche !... bien blanche !... Le professeur ne sait ce qu'il dit... Le cheval ne vaut rien... Quel morceau friand !...

Puis il se mit à mordre à belles dents le coussin où posait sa tête et, en même temps, il poussa une sorte de rugissement si fort qu'il se réveilla.

Pour moi, je demeurai immobile sur mon canapé et fis semblant de dormir. Je l'observais pourtant. Il s'assit, se frotta les yeux, soupira tristement et demeura près d'une heure sans changer de posture, absorbé, comme il semblait, dans ses réflexions. J'étais cependant fort mal à mon aise, et je me promis intérieurement de ne jamais coucher à côté de M. le comte. À la longue pourtant, la fatigue triompha de l'inquiétude et, lorsqu'on entra le matin dans notre chambre, nous dormions l'un et l'autre d'un profond sommeil.

---

25. Horace, *Satires*, II, 7, v. 60 et 62 (les lignes précédentes en dégagent le sens).

CHAPITRE VI

Après le déjeuner, nous retournâmes à Médintiltas. Là, ayant trouvé le docteur Frœber seul, je lui dis que je croyais le comte malade, qu'il avait des rêves affreux, qu'il était peut-être somnambule, et qu'il pouvait être dangereux dans cet état.

— Je me suis aperçu de tout cela, me dit le médecin. Avec une organisation athlétique, il est nerveux comme une jolie femme. Peut-être tient-il cela de sa mère... Elle a été diablement méchante ce matin... Je ne crois pas beaucoup aux histoires de peurs et d'envies de femmes grosses[26], mais ce qui est certain, c'est que la comtesse est maniaque[27], et la manie est transmissible par le sang...

— Mais le comte, repris-je, est parfaitement raisonnable ; il a l'esprit juste, il est instruit, beaucoup plus que je ne l'aurais cru, je vous l'avoue ; il aime la lecture...

— D'accord, d'accord, mon cher monsieur ; mais il est souvent bizarre. Il s'enferme quelquefois pendant plusieurs jours ; souvent il rôde la nuit ; il lit des livres incroyables..., de la métaphysique allemande..., de la physiologie, que sais-je ? Hier encore, il lui en est arrivé un ballot de Leipzig. Faut-il parler net ? un Hercule a besoin d'une Hébé[28]. Il y a ici des paysannes très jolies... Le samedi soir, après le bain, on les prendrait pour des princesses... Il n'y en a pas une qui ne fût fière de distraire monseigneur. À son âge, moi, le diable m'emporte !... Non, il n'a pas de maîtresse, il ne se marie pas, il a tort. Il lui faudrait un dérivatif.

Le matérialisme grossier du docteur me choquant au dernier point, je terminai brusquement l'entretien en lui disant que je faisais des vœux pour que le comte Szémioth trouvât une épouse digne de lui. Ce n'est pas sans surprise, je l'avoue, que j'avais appris du docteur ce goût du comte pour les études philosophiques. Cet officier de

---

26. Enceintes. — 27. Folle à idée fixe. — 28. Déesse grecque de la jeunesse.

hussards, ce chasseur passionné lisant de la métaphysique allemande et s'occupant de physiologie, cela renversait mes idées. Le docteur avait dit vrai cependant et, dès le jour même, j'en eus la preuve.

— Comment expliquez-vous, monsieur le professeur, me dit-il brusquement vers la fin du dîner, comment expliquez-vous la *dualité* ou la *duplicité* de notre nature ?...

Et, comme il s'aperçut que je ne le comprenais pas parfaitement, il reprit :

— Ne vous êtes-vous jamais trouvé au haut d'une tour ou bien au bord d'un précipice, ayant à la fois la tentation de vous élancer dans le vide et un sentiment de terreur absolument contraire ?...

— Cela peut s'expliquer par des causes toutes physiques, dit le docteur ; 1) la fatigue qu'on éprouve après une marche ascensionnelle détermine un afflux de sang au cerveau qui...

— Laissons là le sang, docteur, s'écria le comte avec impatience, et prenons un autre exemple. Vous tenez une arme à feu chargée. Votre meilleur ami est là. L'idée vous vient de lui mettre une balle dans la tête. Vous avez la plus grande horreur d'un assassinat, et pourtant vous en avez la pensée. Je crois, messieurs, que si toutes les pensées qui nous viennent en tête dans l'espace d'une heure..., je crois que si toutes *vos* pensées, monsieur le professeur, que je tiens pour un sage, étaient écrites, elles formeraient un volume in-folio peut-être, d'après lequel il n'y a pas un avocat qui ne plaidât avec succès votre interdiction, pas un juge qui ne vous mît en prison ou bien dans une maison de fous.

— Ce juge, monsieur le comte, ne me condamnerait pas assurément pour avoir cherché ce matin, pendant plus d'une heure, la loi mystérieuse d'après laquelle les verbes slaves prennent un sens futur en se combinant avec une préposition ; mais, si par hasard j'avais eu quelque autre pensée, quelle preuve en tirer contre moi ? Je ne suis pas plus maître de mes pensées que des accidents extérieurs qui me les suggèrent. De ce qu'une pensée surgit en moi, on ne peut pas conclure un commencement d'exécution, ni même une résolution. Jamais je n'ai eu l'idée de tuer personne ; mais, si la pensée d'un meurtre me venait, ma raison n'est-elle pas là pour l'écarter ?

— Vous parlez de la raison bien à votre aise ; mais est-elle toujours là, comme vous dites, pour nous diriger ? Pour que la raison parle et se fasse obéir, il faut de la réflexion, c'est-à-dire du temps et du sang-froid. A-t-on toujours l'un et l'autre ? Dans un combat, je vois arriver sur moi un boulet qui ricoche, je me détourne et je découvre mon ami, pour lequel j'aurais donné ma vie, si j'avais eu le temps de réfléchir...

J'essayai de lui parler de nos devoirs d'homme et de chrétien, de la nécessité où nous sommes d'imiter le guerrier de l'Écriture, toujours prêt au combat ; enfin je lui fis voir qu'en luttant sans cesse contre nos passions, nous acquérions des forces nouvelles pour les affaiblir et les dominer. Je ne réussis, je le crains, qu'à le réduire au silence, et il ne paraissait pas convaincu.

Je demeurai encore une dizaine de jours au château. Je fis une autre visite à Dowghielly, mais nous n'y couchâmes point. Comme la première fois, mademoiselle Iwinska se montra espiègle et enfant gâtée. Elle exerçait sur le comte une sorte de fascination, et je ne doutai pas qu'il n'en fût fort amoureux. Cependant, il connaissait bien ses défauts et ne se faisait pas d'illusions. Il la savait coquette, frivole, indifférente à tout ce qui n'était pas pour elle un amusement. Souvent je m'apercevais qu'il souffrait intérieurement de la savoir si peu raisonnable ; mais, dès qu'elle lui avait fait quelque petite mignardise, il oubliait tout, sa figure s'illuminait, il rayonnait de joie. Il voulut m'emmener une dernière fois à Dowghielly la veille de mon départ, peut-être parce que je restais à causer avec la tante pendant qu'il allait se promener au jardin avec la nièce ; mais j'avais fort à travailler, et je dus m'excuser, quelle que fût son insistance... Il revint dîner, bien qu'il nous eût dit de ne pas l'attendre. Il se mit à table, et ne put manger. Pendant tout le repas, il fut sombre et de mauvaise humeur. De temps à autre, ses sourcils se rapprochaient et ses yeux prenaient une expression sinistre. Lorsque le docteur sortit pour se rendre auprès de la comtesse, le comte me suivit dans ma chambre, et me dit tout ce qu'il avait sur le cœur.

— Je me repens bien, s'écria-t-il, de vous avoir quitté pour aller voir cette petite folle, qui se moque de moi et qui n'aime que les nouveaux visages ; mais, heureusement, tout est fini entre nous, j'en suis profondément dégoûté, et je ne la reverrai jamais...

Il se promena quelque temps de long en large selon son habitude, puis il reprit :

— Vous avez cru peut-être que j'en étais amoureux ? C'est ce que pense cet imbécile de docteur. Non, je ne l'ai jamais aimée. Sa mine rieuse m'amusait. Sa peau blanche me faisait plaisir à voir... Voilà tout ce qu'il y a de bon chez elle... la peau surtout. De cervelle, point. Jamais je n'ai vu en elle autre chose qu'une jolie poupée, bonne à regarder quand on s'ennuie et qu'on n'a pas de livre nouveau... Sans doute on peut dire que c'est une beauté... Sa peau est merveilleuse !... monsieur le professeur, le sang qui est sous cette peau doit être meilleur que celui d'un cheval ?... Qu'en pensez-vous ?

Et il se mit à éclater de rire, mais ce rire faisait mal à entendre.

Je pris congé de lui le lendemain pour continuer mes explorations dans le nord du Palatinat.

CHAPITRE VII

Elles durèrent environ deux mois, et je puis dire qu'il n'y a guère de village en Samogitie où je ne me sois arrêté et où je n'aie recueilli quelques documents. Qu'il me soit permis de saisir cette occasion pour remercier les habitants de cette province, et en particulier MM. les ecclésiastiques, pour le concours vraiment empressé qu'ils ont accordé à mes recherches et les excellentes contributions dont ils ont enrichi mon dictionnaire.

Après un séjour d'une semaine à Szawlé, je me proposais d'aller m'embarquer à Klaypeda (port que nous appelons Memel) pour retourner chez moi, lorsque je reçus du comte Szémioth la lettre suivante, apportée par un de ses chasseurs :

« Monsieur le professeur,

« Permettez-moi de vous écrire en allemand. Je ferais encore plus de solécismes, si je vous écrivais en jmoude, et vous perdriez toute considération pour moi. Je ne sais si vous en avez déjà beaucoup, et la nouvelle que j'ai à vous communiquer ne l'augmentera peut-être pas. Sans plus de préface, je me marie, et vous devinez bien à qui. *Jupiter se rit des serments des amoureux.* Ainsi fait Pirkuns, notre Jupiter samogitien. C'est donc mademoiselle Julienne Iwinska que j'épouse le 8 du mois prochain. Vous seriez le plus aimable des hommes si vous veniez assister à la cérémonie. Tous les paysans de Médintiltas et lieux circonvoisins viendront chez moi manger quelques bœufs et d'innombrables cochons et, quand ils seront ivres, ils danseront dans ce pré, à droite de l'avenue que vous connaissez. Vous verrez des costumes et des coutumes dignes de votre observation. Vous me ferez le plus grand plaisir et à Julienne aussi. J'ajouterai que votre refus nous jetterait dans le plus triste embarras. Vous savez que j'appartiens à la communion évangélique, de même que ma fiancée ; or, notre ministre, qui demeure à une trentaine de lieues, est perclus de la goutte et j'ai osé espérer que vous voudriez bien officier à sa place. Croyez-moi, mon cher professeur, votre bien dévoué,

MICHEL SZÉMIOTH. »

Au bas de la lettre, en forme de *post-scriptum*, une assez jolie main féminine avait ajouté en jmoude :

« Moi, muse de la Lithuanie, j'écris en jmoude. Michel est un impertinent de douter de votre approbation. Il n'y a que moi, en effet, qui sois assez folle pour vouloir d'un garçon comme lui. Vous verrez, monsieur le professeur, le 8 du mois prochain, une mariée un peu *chic*. Ce n'est pas du jmoude, c'est du français. N'allez pas au moins avoir des distractions pendant la cérémonie ! »

Ni la lettre ni le *post-scriptum* ne me plurent. Je trouvai que les fiancés montraient une impardonnable légèreté dans une occasion si solennelle. Cependant, le moyen de refuser ? J'avouerai encore que le spectacle annoncé ne laissait pas de me donner des tentations. Selon toute apparence, dans le grand nombre de gentilshommes qui se réuniraient au château de Médintiltas, je ne manquerais pas de trouver des personnes instruites qui me fourniraient des renseignements utiles. Mon glossaire[29] jmoude était très riche ; mais le sens d'un certain nombre de mots appris de la bouche de paysans grossiers demeurait encore pour moi enveloppé d'une obscurité relative. Toutes ces considérations réunies eurent assez de force pour m'obliger à consentir à la demande du comte, et je lui répondis que, dans la matinée du 8, je serais à Médintiltas. Combien j'eus lieu de m'en repentir !

CHAPITRE VIII

En entrant dans l'avenue du château, j'aperçus un grand nombre de dames et de messieurs en toilette du matin, groupés sur le perron ou circulant dans les allées du parc. La cour était pleine de paysans endimanchés. Le château avait un air de fête ; partout des fleurs, des guirlandes, des drapeaux et des festons. L'intendant me conduisit à la chambre qui m'avait été préparée au rez-de-chaussée, en me demandant pardon de ne pouvoir m'en offrir une plus belle ; mais il y avait tant de monde au château, qu'il avait été impossible de me conserver l'appartement que

---

29. Nomenclature de mots étrangers.

j'avais occupé à mon premier séjour, et qui était destiné à la femme du maréchal de la noblesse ; ma nouvelle chambre, d'ailleurs, était très convenable, ayant vue sur le parc, et au-dessous de l'appartement du comte. Je m'habillai en hâte pour la cérémonie, je revêtis ma robe[30] ; mais ni le comte ni sa fiancée ne paraissaient. Le comte était allé la chercher à Dowghielly. Depuis longtemps ils auraient dû être arrivés ; mais la toilette d'une mariée n'est pas une petite affaire, et le docteur avertissait les invités que, le déjeuner ne devant avoir lieu qu'après le service religieux, les appétits trop impatients feraient bien de prendre leurs précautions à un certain buffet garni de gâteaux et de toutes sortes de liqueurs. Je remarquai à cette occasion combien l'attente excite à la médisance ; deux mères de jolies demoiselles invitées à la fête ne tarissaient pas en épigrammes contre la mariée.

Il était plus de midi quand une salve de boîtes[31] et de coups de fusils signala son arrivée et, bientôt après, une calèche de gala entra dans l'avenue, traînée par quatre chevaux magnifiques. À l'écume qui couvrait leur poitrail, il était facile de voir que le retard n'était pas de leur fait. Il n'y avait dans la calèche que la mariée, madame Dowghiello et le comte. Il descendit et donna la main à madame Dowghiello. Mademoiselle Iwinska, par un mouvement plein de grâce et de coquetterie enfantine, fit mine de vouloir se cacher sous son châle pour échapper aux regards curieux qui l'entouraient de tous les côtés. Pourtant, elle se leva debout dans la calèche, et elle allait prendre la main du comte, quand les chevaux du brancard, effrayés peut-être de la pluie de fleurs que les paysans lançaient à la mariée, peut-être aussi éprouvant cette étrange terreur que le comte Szémioth inspirait aux animaux, se cabrèrent en s'ébrouant ; une roue heurta la borne du pied du perron, et on put croire pendant un moment qu'un accident allait avoir lieu. Mademoiselle Iwinska laissa échap-

---

30. De pasteur qui va célébrer le culte. — 31. Petits mortiers de fer qu'on faisait tirer aux fêtes publiques.

per un petit cri... On fut bientôt rassuré. Le comte, la saisissant dans ses bras, l'emporta jusqu'au bout du perron aussi facilement que s'il n'avait tenu qu'une colombe. Nous applaudissions tous à son adresse et à sa galanterie chevaleresque. Les paysans poussaient des *vivat* formidables, la mariée, toute rouge, riait et tremblait à la fois. Le comte, qui n'était nullement pressé de se débarrasser de son charmant fardeau, semblait triompher en le montrant à la foule qui l'entourait...

Tout à coup, une femme de haute taille, pâle, maigre, les vêtements en désordre, les cheveux épars, et tous les traits contractés par la terreur, parut au haut du perron, sans que personne pût savoir d'où elle venait.

— À l'ours ! criait-elle d'une voix aiguë ; à l'ours ! des fusils !... Il emporte une femme : tuez-le ! Feu ! feu !

C'était la comtesse. L'arrivée de la mariée avait attiré tout le monde au perron, dans la cour, ou aux fenêtres du château. Les femmes mêmes qui surveillaient la pauvre folle avaient oublié leur consigne ; elle s'était échappée et, sans être observée de personne, était arrivée jusqu'au milieu de nous. Ce fut une scène très pénible. Il fallut l'emporter malgré ses cris et sa résistance. Beaucoup d'invités ne connaissaient pas sa maladie. On dut leur donner des explications. On chuchota longtemps à voix basse. Tous les visages étaient attristés. « Mauvais présage ! » disaient les personnes superstitieuses ; et le nombre en est grand en Lithuanie.

Cependant, mademoiselle Iwinska demanda cinq minutes pour faire sa toilette et mettre son voile de mariée, opération qui dura une bonne heure. C'était plus qu'il ne fallait pour que les personnes qui ignoraient la maladie de la comtesse en apprissent la cause et les détails.

Enfin, la mariée reparut, magnifiquement parée et couverte de diamants. Sa tante la présenta à tous les invités, et lorsque le moment fut venu de passer à la chapelle, à ma grande surprise, en présence de toute la compagnie, madame Dowghiello appliqua un soufflet sur la joue de sa nièce, assez fort pour faire retourner ceux qui auraient eu quelque distraction. Ce soufflet fut reçu avec la plus parfaite résignation, et personne ne parut s'en étonner ; seulement, un homme en noir écrivit quelque chose sur un papier qu'il avait apporté et quelques-uns des assistants y apposèrent leur signature de l'air le plus indifférent. Ce ne fut qu'à la fin de la cérémonie que j'eus le mot de l'énigme. Si je l'eusse deviné, je n'aurais pas manqué de m'élever avec toute la force de mon ministère sacré contre cette odieuse pratique, laquelle a pour but d'établir un cas de divorce en simulant que le mariage n'a eu lieu que par suite de violence matérielle exercée contre une des parties contractantes.

Après le service religieux, je crus de mon devoir d'adresser quelques paroles au jeune couple, m'attachant à leur mettre devant les yeux la gravité et la sainteté de l'engagement qui venait de les unir et, comme j'avais encore sur le cœur le *post-scriptum* déplacé de mademoiselle Iwinska, je lui rappelai qu'elle entrait dans une vie nouvelle, non plus accompagnée d'amusements et de joies juvéniles, mais pleine de devoirs sérieux et de graves épreuves. Il me sembla que cette partie de mon allocution produisit beaucoup d'effet sur la mariée, comme sur toutes les personnes qui comprenaient l'allemand.

Des salves d'armes à feu et des cris de joie accueillirent le cortège au sortir de la chapelle, puis on passa dans la salle à manger. Le repas était magnifique, les appétits fort aiguisés, et d'abord on n'entendit d'autre bruit que celui des couteaux et des fourchettes ; mais bientôt, avec l'aide des vins de Champagne et de Hongrie, on commença à causer, à rire et même à crier. La santé de la mariée fut portée avec enthousiasme. À peine venait-on de se rasseoir, qu'un vieux *pane* [32] à moustaches blanches se leva et, d'une voix formidable :

— Je vois avec douleur, dit-il, que nos vieilles coutumes se perdent. Jamais nos pères n'eussent porté ce toast avec des verres de cristal. Nous buvions dans le soulier de la

---

32. Vieux garçon.

mariée, et même dans sa botte ; car, de mon temps, les dames portaient des bottes en maroquin rouge. Montrons, amis, que nous sommes encore de vrais Lithuaniens. — Et toi, madame, daigne me donner ton soulier.

La mariée lui répondit en rougissant, avec un petit rire étouffé :

— Viens le prendre, monsieur... ; mais je ne te ferai pas raison[33] dans ta botte.

Le *pane* ne se le fit pas dire deux fois :

Il se mit galamment à genoux, ôta un petit soulier de satin blanc à talon rouge, l'emplit de vin de Champagne et but si vite et si adroitement, qu'il n'y en eut pas plus de la moitié qui coula sur ses habits. Le soulier passa de main en main, et tous les hommes y burent, mais non sans peine. Le vieux gentilhomme réclama le soulier comme une relique précieuse, et madame Dowghiello fit prévenir une femme de chambre de venir réparer le désordre de la toilette de sa nièce.

Ce toast fut suivi de beaucoup d'autres, et bientôt les convives devinrent si bruyants, qu'il ne me parut plus convenable de demeurer parmi eux. Je m'échappai de la table sans que personne fît attention à moi, et j'allai respirer l'air en dehors du château ; mais, là encore, je trouvai un spectacle peu édifiant. Les domestiques et les paysans, qui avaient eu de la bière et de l'eau-de-vie à discrétion, étaient déjà ivres pour la plupart. Il y avait eu des disputes et des têtes cassées. Çà et là, sur le pré, des ivrognes se vautraient privés de sentiment, et l'aspect général de la fête tenait beaucoup d'un champ de bataille. J'aurais eu quelque curiosité de voir de près les danses populaires ; mais la plupart étaient menées par des bohémiennes effrontées, et je ne crus pas qu'il fût bienséant de me hasarder dans cette bagarre. Je rentrai donc dans ma chambre, je lus quelque temps, puis me déshabillai et m'endormis bientôt.

Lorsque je m'éveillai, l'horloge du château sonnait trois

---

33. Je ne te rendrai pas la pareille.

heures. La nuit était claire, bien que la lune fût un peu voilée par une légère brume. J'essayai de retrouver le sommeil ; mais je ne pus y parvenir. Selon mon usage en pareille occasion, je voulus prendre un livre et étudier, mais je ne pus trouver les allumettes à ma portée. Je me levai et j'allai tâtonnant dans ma chambre, quand un corps opaque, très gros, passa devant ma fenêtre, et tomba avec un bruit sourd dans le jardin. Ma première impression fut que c'était un homme, et je crus qu'un de nos ivrognes était tombé par la fenêtre. J'ouvris la mienne et regardai ; je ne vis rien. J'allumai enfin une bougie et, m'étant remis au lit, je repassai mon glossaire jusqu'au moment où l'on m'apporta mon thé.

Vers onze heures, je me rendis au salon, où je trouvai beaucoup d'yeux battus et de mines défaites ; j'appris en effet qu'on avait quitté la table fort tard. Ni le comte ni la jeune comtesse n'avaient encore paru. À onze heures et demie, après beaucoup de méchantes[34] plaisanteries, on commença à murmurer, tout bas d'abord, bientôt assez haut. Le docteur Frœber prit sur lui d'envoyer le valet de chambre du comte frapper à la porte de son maître. Au bout d'un quart d'heure, cet homme redescendit et, un peu ému, rapporta au docteur Frœber qu'il avait frappé plus d'une douzaine de fois, sans obtenir de réponse. Nous nous consultâmes, madame Dowghiello, le docteur et moi. L'inquiétude du valet de chambre m'avait gagné. Nous montâmes tous les trois avec lui. Devant la porte, nous trouvâmes la femme de chambre de la jeune comtesse tout effarée, assurant que quelque malheur devait être arrivé, car la fenêtre de madame était toute grande ouverte. Je me rappelai avec effroi ce corps pesant tombé devant ma fenêtre. Nous frappâmes à grands coups. Point de réponse. Enfin, le valet de chambre apporta une barre de fer, et nous enfonçâmes la porte... Non ! le courage me manque pour décrire le spectacle qui s'offrit à nos yeux. La jeune comtesse était étendue morte sur son lit, la

---

34. Médiocres, de bas étage.

figure horriblement lacérée, la gorge ouverte, inondée de sang. Le comte avait disparu, et personne depuis n'a eu de ses nouvelles.

Le docteur considéra l'horrible blessure de la jeune femme.

— Ce n'est pas une lame d'acier, s'écria-t-il, qui a fait cette plaie... C'est une morsure !....................................

Le docteur ferma son livre, et regarda le feu d'un air pensif.

— Et l'histoire est finie ? demanda Adélaïde.

— Finie ! répondit le professeur d'une voix lugubre.

— Mais, reprit-elle, pourquoi l'avez-vous intitulée *Lokis* ? Pas un seul des personnages ne s'appelle ainsi.

— Ce n'est pas un nom d'homme, dit le professeur. Voyons, Théodore, comprenez-vous ce que veut dire *Lokis* ?

— Pas le moins du monde.

— Si vous vous étiez bien pénétré de la loi de transformation du sanscrit au lithuanien, vous auriez reconnu dans *Lokis* le sanscrit *arkcha* ou *rikscha*. On appelle *lokis*, en lithuanien, l'animal que les Grecs ont nommé ἄρκτος, les Latins *ursus* et les Allemands *bär*.

Vous comprenez maintenant mon épigramme :

> *Miszka zu Lokiu*
> *Abu du tokiu.*

Vous savez que, dans le roman de *Renard*, l'ours s'appelle *damp Brum*. Chez les Slaves, on le nomme Michel, Miszka en lithuanien, et ce surnom remplace presque toujours le nom générique, *lokis*. C'est ainsi que les Français ont oublié leur mot néolatin de *goupil* ou *gorpil* pour y substituer celui de *renard* [35]. Je vous en citerai bien d'autres exemples...

Mais Adélaïde remarqua qu'il était tard, et on se sépara.

---

35. Dans le *Roman de Renart*, ce nom est celui (all. *Reinhardt*) qui est donné au goupil (du latin : *vulpes*).

IL VICCOLO[1]
DI
MADAMA LUCREZIA

J'avais vingt-trois ans quand je partis pour Rome. Mon père me donna une douzaine de lettres de recommandations, dont une seule, qui n'avait pas moins de quatre pages, était cachetée. Il y avait sur l'adresse : « À la marquise Aldobrandi. »

— Tu m'écriras, me dit mon père, si la marquise est encore belle.

Or, depuis mon enfance, je voyais dans son cabinet, suspendu à la cheminée, le portrait en miniature d'une fort jolie femme, la tête poudrée et couronnée de lierre, avec une peau de tigre sur l'épaule. Sur le fond, on lisait : *Roma 18...* Le costume me paraissant singulier, il m'était arrivé bien des fois de demander quelle était cette dame. On me répondait :

— C'est une bacchante[2].

Mais cette réponse ne me satisfaisait guère ; même je soupçonnais un secret ; car, à cette question si simple, ma mère pinçait les lèvres, et mon père prenait un air sérieux.

Cette fois, en me donnant la lettre cachetée, il regarda le portrait à la dérobée ; j'en fis de même involontairement, et l'idée me vint que cette bacchante poudrée pouvait bien être la marquise Aldobrandi. Comme je commençais à comprendre les choses de ce monde, je tirai toute sorte de conclusions des mines de ma mère et du regard de mon père.

Arrivé à Rome, la première lettre que j'allai rendre fut celle de la marquise. Elle demeurait dans un beau palais près de la place Saint-Marc.

---

1. La ruelle (l'orthographe italienne correcte est : *vicolo*). — 2. Jadis prêtresse célébrant en débauches le culte de Bacchus, et portant, comme son dieu, lierre et peau de tigre.

Je donnai ma lettre et ma carte à un domestique en livrée jaune qui m'introduisit dans un vaste salon, sombre et triste, assez mal meublé. Mais, dans tous les palais de Rome, il y a des tableaux de maîtres. Ce salon en contenait un assez grand nombre, dont plusieurs fort remarquables.

Je distinguai tout d'abord un portrait de femme qui me parut être un Léonard de Vinci. À la richesse du cadre, au chevalet de palissandre sur lequel il était posé, on ne pouvait douter que ce ne fût le morceau capital de la collection. Comme la marquise ne venait pas, j'eus tout le loisir de l'examiner. Je le portai même près d'une fenêtre afin de le voir sous un jour plus favorable. C'était évidemment un portrait, non une tête de fantaisie, car on n'invente pas de ces physionomies-là : une belle femme avec les lèvres un peu grosses, les sourcils presque joints, le regard altier et caressant tout à la fois. Dans le fond, on voyait son écusson, surmonté d'une couronne ducale. Mais ce qui me frappa le plus, c'est que le costume, à la poudre près, était le même que celui de la bacchante de mon père.

Je tenais encore le portrait à la main quand la marquise entra.

— Juste comme son père ! s'écria-t-elle en s'avançant vers moi. Ah ! les Français ! les Français ! À peine arrivé, et déjà il s'empare de *Madame Lucrèce*.

Je m'empressai de faire mes excuses pour mon indiscrétion, et je me jetai dans des éloges à perte de vue sur le chef-d'œuvre de Léonard que j'avais eu la témérité de déplacer.

— C'est en effet un Léonard, dit la marquise, et c'est le portrait de la trop fameuse Lucrèce Borgia[3]. De tous mes tableaux, c'est celui que votre père admirait le plus... Mais, bon Dieu ! quelle ressemblance ! Je crois voir votre père, comme il était, il y a vingt-cinq ans. Comment se

---

3. Fille du pape Alexandre VI et sœur du tyran César Borgia ; célèbre par sa beauté et, dit-on, ses débauches galantes.

porte-t-il ? Que fait-il ? Ne viendra-t-il pas nous voir un jour à Rome ?

Bien que la marquise ne portât ni poudre ni peau de tigre, du premier coup d'œil, par la force de mon génie, je reconnus en elle la bacchante de mon père. Quelque vingt-cinq ans n'avaient pu faire disparaître entièrement les traces d'une grande beauté. Son expression avait changé seulement, comme sa toilette. Elle était tout en noir, et son triple menton, son sourire grave, son air solennel et radieux, m'avertissaient qu'elle était devenue dévote.

Elle me reçut, d'ailleurs, on ne peut plus affectueusement. En trois mots, elle m'offrit sa maison, sa bourse, ses amis, parmi lesquels elle me nomma plusieurs cardinaux.

— Regardez-moi, dit-elle, comme votre mère...

Elle baissa les yeux modestement.

— Votre père me charge de veiller sur vous et de vous donner des conseils.

Et, pour me prouver qu'elle n'entendait pas que sa mission fût une sinécure, elle commença sur l'heure par me mettre en garde contre les dangers que Rome pouvait offrir à un jeune homme de mon âge, et m'exhorta fort à les éviter. Je devais fuir les mauvaises compagnies, les artistes surtout, ne me lier qu'avec les personnes qu'elle me désignerait. Bref, j'eus un sermon en trois points. J'y répondis respectueusement et avec l'hypocrisie convenable.

Comme je me levais pour prendre congé :

— Je regrette, me dit-elle, que mon fils le marquis soit en ce moment dans nos terres de la Romagne, mais je veux vous présenter mon second fils, don Ottavio, qui sera bientôt un monsignor[4]. J'espère qu'il vous plaira et que vous deviendrez amis comme vous devez l'être..

Elle ajouta précipitamment :

— Car vous êtes à peu près du même âge, et c'est un

---

4. Évêque.

garçon doux et rangé comme vous.

Aussitôt, elle envoya chercher don Ottavio. Je vis un grand jeune homme pâle, l'air mélancolique, toujours les yeux baissés, sentant déjà son cafard[5].

Sans lui laisser le temps de parler, la marquise me fit en son nom toutes les offres de service les plus aimables. Il confirmait par de grandes révérences toutes les phrases de sa mère, et il fut convenu que, dès le lendemain, il irait me prendre pour faire des courses par la ville, et me ramènerait dîner en famille au palais Aldobrandi.

J'avais à peine fait une vingtaine de pas dans la rue, lorsque quelqu'un cria derrière moi d'une voix impérieuse :

— Où donc allez-vous ainsi seul à cette heure, don Ottavio ?

Je me retournai, et vis un gros abbé qui me considérait des pieds à la tête en écarquillant les yeux.

— Je ne suis pas don Ottavio, lui dis-je.

L'abbé, me saluant jusqu'à terre, se confondit en excuses et, un moment après, je le vis entrer dans le palais Aldobrandi. Je poursuivis mon chemin, médiocrement flatté d'avoir été pris pour un monsignor en herbe.

Malgré les avertissements de la marquise, peut-être même à cause de ses avertissements, je n'eus rien de plus pressé que de découvrir la demeure d'un peintre de ma connaissance, et je passai une heure avec lui dans son atelier à causer des moyens d'amusements, licites ou non, que Rome pouvait me fournir. Je le mis sur le chapitre des Aldobrandi.

La marquise, me dit-il, après avoir été fort légère, s'était jetée dans la haute dévotion, quand elle eut reconnu que l'âge des conquêtes était passé pour elle. Son fils aîné était une brute qui passait son temps à chasser et à encaisser l'argent que lui apportaient les fermiers de ses vastes domaines. On était en train d'abrutir le second fils, don Ottavio, dont on voulait faire un jour un cardinal.

---

5. Affectant des mines de dévotion extrême.

En attendant, il était livré aux jésuites. Jamais il ne sortait seul. Défense de regarder une femme, ou de faire un pas sans avoir à ses talons un abbé qui l'avait élevé pour le service de Dieu et qui, après avoir été le dernier *amico* de la marquise, gouvernait maintenant sa maison avec une autorité à peu près despotique.

Le lendemain, don Ottavio, suivi de l'abbé Negroni, le même qui, la veille, m'avait pris pour son pupille, vint me chercher en voiture et m'offrit ses services comme cicerone[6].

Le premier monument où nous nous arrêtâmes était une église. À l'exemple de son abbé, don Ottavio s'y agenouilla, se frappa la poitrine, et fit des signes de croix sans nombre. Après s'être relevé, il me montra les fresques et les statues, et m'en parla en homme de bon sens et de goût. Cela me surprit agréablement. Nous commençâmes à causer et sa conversation me plut. Pendant quelque temps, nous avions parlé italien. Tout à coup, il me dit en français :

— Mon gouverneur n'entend pas un mot de votre langue. Parlons français, nous serons plus libres.

On eût dit que le changement d'idiome avait transformé ce jeune homme. Rien dans ses discours ne sentait le prêtre. Je croyais entendre un de nos libéraux[7] de province. Je remarquai qu'il débitait tout d'un même ton de voix monotone, et que souvent ce débit contrastait étrangement avec la vivacité de ses expressions. C'était une habitude prise apparemment pour dérouter le Negroni qui, de temps à autre, se faisait expliquer ce que nous disions. Bien entendu que nos traductions étaient des plus libres[8].

Nous vîmes passer un jeune homme en bas violets.

— Voilà, me dit don Ottavio, nos patriciens d'aujourd'hui. Infâme livrée ! et ce sera la mienne dans quelques mois ! Quel bonheur, ajouta-t-il après un moment de

---

6. Guide. — 7. Favorables aux libertés civiles et politiques, donc opposants à la monarchie de la Restauration. — 8. Fantaisistes.

silence, quel bonheur de vivre dans un pays comme le
vôtre. Si j'étais Français, peut-être un jour deviendrais-je
député !

Cette noble ambition me donna une forte envie de rire
et, notre abbé s'en étant aperçu, je fus obligé de lui
expliquer que nous parlions de l'erreur d'un archéologue
qui prenait pour antique une statue de Bernin.

Nous revînmes dîner au palais Aldobrandi. Presque
aussitôt après le café, la marquise me demanda pardon
pour son fils, obligé, par certains devoirs pieux, à se
retirer dans son appartement. Je demeurai seul avec elle
et l'abbé Negroni qui, renversé dans un grand fauteuil,
dormait du sommeil du juste.

Cependant, la marquise m'interrogeait en détail sur mon
père, sur Paris, sur ma vie passée, sur mes projets pour
l'avenir. Elle me parut aimable et bonne, mais un peu
trop curieuse et surtout trop préoccupée de mon salut.
D'ailleurs, elle parlait admirablement l'italien, et je pris
avec elle une bonne leçon de prononciation que je me
promis bien de répéter.

Je revins souvent la voir. Presque tous les matins, j'allais
visiter les antiquités avec son fils et l'éternel Negroni et,
le soir, je dînais avec eux au palais Aldobrandi. La marquise recevait peu de monde, et presque uniquement des
ecclésiastiques.

Une fois cependant, elle me présenta à une dame allemande, nouvelle convertie et son amie intime. C'était une
madame de Strahlenheim, fort belle personne établie
depuis longtemps à Rome. Pendant que ces dames cau-
saient entre elles d'un prédicateur renommé, je considérais, à la clarté de la lampe, le portrait de Lucrèce,
quand je crus devoir placer mon mot.

— Quels yeux ! m'écriai-je ; on dirait que ces paupières
vont remuer !

À cette hyperbole un peu prétentieuse que je hasardais
pour m'établir en qualité de connaisseur auprès de
madame de Strahlenheim, elle tressaillit d'effroi et se
cacha la figure dans son mouchoir.

— Qu'avez-vous, ma chère ? dit la marquise.

— Ah ! rien, mais ce que monsieur vient de dire !...

On la pressa de questions et, une fois qu'elle nous eut dit que mon expression lui rappelait une histoire effrayante, elle fut obligée de la raconter.

La voici en deux mots :

Madame de Strahlenheim avait une belle-sœur nommée Wilhelmine, fiancée à un jeune homme de Westphalie, Julius de Katzenellenbogen, volontaire dans la division du général Kleist. Je suis bien fâché d'avoir à répéter tant de noms barbares mais les histoires merveilleuses n'arrivent jamais qu'à des personnes dont les noms sont difficiles à prononcer.

Julius était un charmant garçon rempli de patriotisme et de métaphysique. En partant pour l'armée, il avait donné son portrait à Wilhelmine, et Wilhelmine lui avait donné le sien, qu'il portait toujours sur son cœur. Cela se fait beaucoup en Allemagne.

Le 13 septembre 1813, Wilhelmine était à Cassel, vers cinq heures du soir, dans un salon, occupée à tricoter avec sa mère et sa belle-sœur. Tout en travaillant, elle regardait le portrait de son fiancé, placé sur une petite table à ouvrage en face d'elle. Tout à coup, elle pousse un cri horrible, porte la main sur son cœur et s'évanouit. On eut toutes les peines du monde à lui faire reprendre connaissance et, dès qu'elle put parler :

— Julius est mort ! s'écria-t-elle, Julius est tué !

Elle affirma, et l'horreur peinte sur tous ses traits prouvait assez sa conviction, qu'elle avait vu le portrait fermer les yeux, et qu'au même instant elle avait senti une douleur atroce, comme si un fer rouge lui traversait le cœur.

Chacun s'efforça inutilement de lui démontrer que sa vision n'avait rien de réel et qu'elle n'y devait attacher aucune importance. La pauvre enfant était inconsolable ; elle passa la nuit dans les larmes et, le lendemain, elle voulut s'habiller de deuil, comme assurée déjà du malheur qui lui avait été révélé.

Deux jours après, on reçut la nouvelle de la sanglante bataille de Leipzig, Julius écrivait à sa fiancée un billet daté du 13 à trois heures de l'après-midi. Il n'avait pas été blessé, s'était distingué et venait d'entrer à Leipzig, où il comptait passer la nuit avec le quartier général, éloigné par conséquent de tout danger. Cette lettre si rassurante ne put calmer Wilhelmine qui, remarquant qu'elle était datée de trois heures, persista à croire que son amant était mort à cinq.

L'infortunée ne se trompait pas. On sut bientôt que Julius, chargé de porter un ordre, était sorti de Leipzig à quatre heures et demie, et qu'à trois quarts de lieue de la ville, au-delà de l'Elster, un traînard de l'armée ennemie, embusqué dans un fossé, l'avait tué d'un coup de feu. La balle, en lui perçant le cœur, avait brisé le portrait de Wilhelmine.

— Et qu'est devenue cette pauvre jeune personne ? demandai-je à madame de Strahlenheim.

— Oh ! elle a été bien malade. Elle est mariée maintenant à M. le conseiller de justice de Werner et, si vous alliez à Dessau, elle vous montrerait le portrait de Julius.

— Tout cela se fait par l'entremise du diable, dit l'abbé, qui n'avait dormi que d'un œil pendant l'histoire de madame de Strahlenheim. Celui qui faisait parler les oracles des païens peut bien faire mouvoir les yeux d'un portrait quand bon lui semble. Il n'y a pas vingt ans qu'à Tivoli, un Anglais a été étranglé par une statue.

— Par une statue ! m'écriai-je ; et comment cela ?

— C'était un milord qui avait fait des fouilles à Tivoli. Il avait trouvé une statue d'impératrice, Agrippine, Messaline..., peu importe. Tant il y a qu'il la fit porter chez lui, et qu'à force de la regarder et de l'admirer, il en devint fou. Tous ces messieurs protestants le sont déjà plus qu'à moitié. Il l'appelait sa femme, sa milady, et l'embrassait, tout de marbre qu'elle était. Il disait que la statue s'animait tous les soirs à son profit. Si bien qu'un matin on trouva mon milord roide mort dans son lit. Eh bien, le croiriez-vous ? Il s'est rencontré un autre Anglais pour acheter cette statue. Moi, j'en aurais fait faire de la chaux.

Quand on a entamé une fois le chapitre des aventures surnaturelles, on ne s'arrête plus. Chacun avait son histoire à raconter. Je fis ma partie moi-même dans ce concert de récits effroyables ; en sorte qu'au moment de nous séparer, nous étions tous passablement émus et pénétrés de respect pour le pouvoir du diable.

Je regagnai à pied mon logement et, pour tomber dans la rue du Corso, je pris une petite ruelle tortueuse par où je n'avais point encore passé. Elle était déserte. On ne voyait que de longs murs de jardin, ou quelques chétives maisons dont pas une n'était éclairée. Minuit venait de sonner ; le temps était sombre. J'étais au milieu de la rue, marchant assez vite, quand j'entendis au-dessus de ma tête un petit bruit, un *st !* et, au même instant, une rose tomba à mes pieds. Je levai les yeux et, malgré l'obscurité, j'aperçus une femme vêtue de blanc, à une fenêtre, le bras étendu vers moi. Nous autres, Français, nous sommes fort avantageux[9] en pays étranger, et nos pères, vainqueurs de l'Europe, nous ont bercés de traditions flatteuses pour l'orgueil national. Je croyais pieusement à l'inflammabilité des dames allemandes, espagnoles et italiennes à la seule vue d'un Français. Bref, à cette époque, j'étais encore bien de mon pays et, d'ailleurs, la rose ne parlait-elle pas clairement ?

— Madame, dis-je à voix basse, en ramassant la rose, vous avez laissé tomber votre bouquet.

Mais déjà la femme avait disparu, et la fenêtre s'était fermée sans faire le moindre bruit. Je fis ce que tout autre eût fait à ma place. Je cherchai la porte la plus proche ; elle était à deux pas de la fenêtre ; je la trouvai et j'attendis qu'on vînt me l'ouvrir. Cinq minutes se passèrent dans un profond silence. Alors, je toussai, puis je grattai doucement ; mais la porte ne s'ouvrit pas. Je l'examinai avec plus d'attention, espérant trouver une clef ou un loquet ;

---

9. Présomptueux, notamment en galanterie.

à ma grande surprise, j'y trouvai un cadenas.

— Le jaloux n'est donc pas rentré, me dis-je.

Je ramassai une petite pierre et la jetai contre la fenêtre. Elle rencontra un contrevent de bois et retomba à mes pieds.

— Diable ! pensai-je, les dames romaines se figurent donc qu'on a des échelles dans sa poche ? On ne m'avait pas parlé de cette coutume.

J'attendis encore plusieurs minutes tout aussi inutilement. Seulement, il me sembla une ou deux fois voir trembler légèrement le volet, comme si de l'intérieur on eût voulu l'écarter, pour voir dans la rue. Au bout d'un quart d'heure, ma patience étant à bout, j'allumai un cigare, et je poursuivis mon chemin, non sans avoir bien reconnu la situation de la maison au cadenas.

Le lendemain, en réfléchissant à cette aventure, je m'arrêtai aux conclusions suivantes : une jeune dame romaine, probablement d'une grande beauté, m'avait aperçu dans mes courses par la ville, et s'était éprise de mes faibles attraits. Si elle ne m'avait déclaré sa flamme que par le don d'une fleur mystérieuse, c'est qu'une honnête pudeur l'avait retenue, ou bien qu'elle avait été dérangée par la présence de quelque duègne, peut-être par un maudit tuteur comme le Bartolo de Rosine[10]. Je résolus d'établir un siège en règle devant la maison habitée par cette infante.

Dans ce beau dessein, je sortis de chez moi après avoir donné à mes cheveux un coup de brosse conquérant. J'avais mis ma redingote neuve et des gants jaunes. En ce costume, le chapeau sur l'oreille, la rose fanée à la boutonnière, je me dirigeai vers la rue dont je ne savais pas encore le nom, mais que je n'eus pas de peine à découvrir. Un écriteau au-dessus d'une madone m'apprit qu'on l'appelait *il vicolo di Madama Lucrezia.*

Ce nom m'étonna. Aussitôt, je me rappelai le portrait de Léonard de Vinci, et les histoires de pressentiments et

---

10. Dans *Le Barbier de Séville,* de Beaumarchais.

de diableries que, la veille, on avait racontées chez la marquise. Puis je pensai qu'il y avait des amours prédestinées dans le ciel. Pourquoi mon objet ne s'appellerait-il pas Lucrèce ? Pourquoi ne ressemblerait-il pas à la Lucrèce de la galerie Aldobrandi ?

Il faisait jour, j'étais à deux pas d'une charmante personne et nulle pensée sinistre n'avait part à l'émotion que j'éprouvais.

J'étais devant la maison. Elle portait le n° 13. Mauvais augure... Hélas ! elle ne répondait guère à l'idée que je m'en étais faite pour l'avoir vue la nuit. Ce n'était pas un palais, tant s'en faut. Je voyais un enclos de murs noircis par le temps et couverts de mousse, derrière lesquels passaient les branches de quelques arbres à fruits mal écheniliés. Dans un angle de l'enclos s'élevait un pavillon à un seul étage, ayant deux fenêtres sur la rue, toutes les deux fermées par de vieux contrevents garnis à l'extérieur de nombreuses barres de fer. La porte était basse, surmontée d'un écusson effacé, fermée comme la veille d'un gros cadenas attaché d'une chaîne. Sur cette porte on lisait, écrit à la craie : *Maison à vendre ou à louer.*

Pourtant, je ne m'étais pas trompé. De ce côté de la rue, les maisons étaient assez rares pour que toute confusion fût impossible. C'était bien mon cadenas et, qui plus est, deux feuilles de rose sur le pavé, près de la porte, indiquaient le lieu précis où j'avais reçu la déclaration par signes de ma bien-aimée, et prouvaient qu'on ne balayait guère le devant de sa maison.

Je m'adressai à quelques pauvres gens du voisinage pour savoir où logeait le gardien de cette mystérieuse demeure.

— Ce n'est pas ici, me répondait-on brusquement.

Il semblait que ma question déplût à ceux que j'interrogeais et cela piquait d'autant plus ma curiosité. Allant de porte en porte, je finis par entrer dans une espèce de cave obscure, où se tenait une vieille femme qu'on pouvait soupçonner de sorcellerie, car elle avait un chat noir et faisait cuire je ne sais quoi dans une chaudière.

IL VICCOLO DI MADAMA LUCREZIA   103

— Vous voulez voir la maison de madame Lucrèce, dit-elle ? c'est moi qui en ai la clef.

— Eh bien, montrez-la moi.

— Est-ce que vous voudriez la louer ? demanda-t-elle en souriant d'un air de doute.

— Oui, si elle me convient.

— Elle ne vous conviendra pas. Mais, voyons, me donnerez-vous un paul[11] si je vous la montre ?

— Très volontiers.

Sur cette assurance, elle se leva prestement de son escabeau, décrocha de la muraille une clef toute rouillée et me conduisit devant le n° 13.

— Pourquoi, lui dis-je, appelle-t-on cette maison, la maison de Lucrèce ?

Alors, la vieille en ricanant :

— Pourquoi, dit-elle, vous appelle-t-on étranger ? N'est-ce pas parce que vous êtes étranger ?

— Bien ; mais qui était cette madame Lucrèce ? Était-ce une dame de Rome ?

— Comment ! vous venez à Rome et vous n'avez pas entendu parler de madame Lucrèce ! Quand nous serons entrés, je vous conterai son histoire. Mais voici bien une autre diablerie ! Je ne sais ce qu'a cette clef, elle ne tourne pas. Essayez vous-même.

En effet le cadenas et la clef ne s'étaient pas vus depuis longtemps. Pourtant, au moyen de trois jurons et d'autant de grincements de dents, je parvins à faire tourner la clef ; mais je déchirai mes gants jaunes et me disloquai la paume de la main. Nous entrâmes dans un passage obscur qui donnait accès à plusieurs salles basses.

Les plafonds, curieusement lambrissés, étaient couverts de toiles d'araignée, sous lesquelles on distinguait à peine quelques traces de dorure. À l'odeur de moisi qui s'exhalait de toutes les pièces, il était évident que, depuis longtemps, elles étaient inhabitées. On n'y voyait pas un seul meuble. Quelques lambeaux de vieux cuir pendaient

---

11. Menue monnaie des États du pape (dont Rome).

le long des murs salpêtrés. D'après les sculptures de quelques consoles et la forme des cheminées, je conclus que la maison datait du XVe siècle, et il est probable qu'autrefois elle avait été décorée avec quelque élégance. Les fenêtres, à petits carreaux, la plupart brisés, donnaient sur le jardin, où j'aperçus un rosier en fleur, avec quelques arbres fruitiers et quantité de broccoli[12].

Après avoir parcouru toutes les pièces du rez-de-chaussée, je montai à l'étage supérieur, où j'avais vu mon inconnue. La vieille essaya de me retenir, en me disant qu'il n'y avait rien à voir et que l'escalier était fort mauvais. Me voyant entêté, elle me suivit, mais avec une répugnance marquée. Les chambres de cet étage ressemblaient fort aux autres ; seulement, elles étaient moins humides ; le plancher et les fenêtres étaient aussi en meilleur état. Dans la dernière pièce où j'entrai, il y avait un large fauteuil en cuir noir qui, chose étrange, n'était pas couvert de poussière. Je m'y assis et, le trouvant commode pour écouter une histoire, je priai la vieille de me raconter celle de madame Lucrèce ; mais auparavant, pour lui rafraîchir la mémoire, je lui fis présent de quelques pauls. Elle toussa, se moucha et commença de la sorte :

— Du temps des païens, Alexandre était empereur[13], il avait une fille belle comme le jour, qu'on appelait madame Lucrèce. Tenez la voilà !...

Je me retournai vivement. La vieille me montrait une console sculptée qui soutenait la maîtresse poutre de la salle. C'était une sirène fort grossièrement exécutée.

— Dame, reprit la vieille, elle aimait à s'amuser. Et, comme son père aurait pu y trouver à redire, elle s'était fait bâtir cette maison où nous sommes.

« Toutes les nuits, elle descendait du Quirinal et venait ici pour se divertir. Elle se mettait à cette fenêtre et, quand il passait par la rue un beau cavalier comme vous

---

12. Choux-fleurs d'Italie. — 13. Confusion d'ignorance entre l'Antiquité (Alexandre le Grand) et la fin du XVe s. (le pape Alexandre VI).

voilà, monsieur, elle l'appelait ; s'il était bien reçu, je
vous le laisse à penser. Mais les hommes sont babillards,
au moins quelques-uns, et ils auraient pu lui faire du tort
en jasant. Aussi y mettait-elle bon ordre. Quand elle avait
dit adieu au galant, ses estafiers se tenaient dans l'escalier
par où nous sommes montés. Ils vous le dépêchaient[14],
puis vous l'enterraient dans ces carrés de broccoli. Allez !
on y en a trouvé des ossements, dans ce jardin !

« Ce manège-là dura bien quelque temps. Mais voilà
qu'un soir son frère, qui s'appelait Sisto Tarquino[15], passe
sous sa fenêtre. Elle ne le reconnaît pas. Elle l'appelle. Il
monte. La nuit tous chats sont gris. Il en fut de celui-là
comme des autres. Mais il avait oublié son mouchoir, sur
lequel il y avait son nom écrit.

« Elle n'eut pas plus tôt vu la méchanceté qu'ils avaient
faite, que le désespoir la prend. Elle défait vite sa jarretière
et se pend à cette solive-là. Eh bien, en voilà un exemple
pour la jeunesse ! »

Pendant que la vieille confondait ainsi tous les temps,
mêlant les Tarquins aux Borgias, j'avais les yeux fixés sur
le plancher. Je venais d'y découvrir quelques pétales de
rose encore frais, qui me donnaient fort à penser.

— Qui est-ce qui cultive ce jardin ? demandai-je à la
vieille.

— C'est mon fils, monsieur, le jardinier de M. Vanozzi,
celui à qui est le jardin d'à côté. M. Vanozzi est toujours
dans la Maremme ; il ne vient guère à Rome. Voilà
pourquoi le jardin n'est pas très bien entretenu. Mon fils
est avec lui. Et je crains bien qu'ils ne reviennent pas de
sitôt, ajouta-t-elle en soupirant.

— Il est donc fort occupé avec M. Vanozzi ?

— Ah ! c'est un drôle d'homme qui l'occupe à trop de
choses... Je crains qu'il ne se passe de mauvaises affaires...
Ah ! mon pauvre fils !

---

14. Tuaient ; cela rappelle l'action de *La Tour de Nesle*, pièce à succès de 1832.
— 15. Confusion cette fois entre Lucrèce Borgia et la Lucrèce antique : celle-ci
se suicida en 510 avant J.-C. pour avoir été violée par le roi de Rome, Sixte
Tarquin, qui fut renversé l'année d'après et avec lui la monarchie à Rome.

Elle fit un pas vers la porte comme pour rompre la conversation.

— Personne n'habite donc ici ? repris-je en l'arrêtant.

— Personne au monde.

— Et pourquoi cela ?

Elle haussa les épaules.

— Écoutez, lui dis-je en lui présentant une piastre, dites-moi la vérité. Il y a une femme qui vient ici.

— Une femme, divin Jésus !

— Oui, je l'ai vue hier au soir. Je lui ai parlé.

— Sainte Madone ! s'écria la vieille en se précipitant vers l'escalier. C'était donc madame Lucrèce ? Sortons, sortons, mon bon monsieur ! On m'avait bien dit qu'elle revenait la nuit, mais je n'ai pas voulu vous le dire, pour ne pas faire de tort au propriétaire, parce que je croyais que vous aviez envie de louer.

Il me fut impossible de la retenir. Elle avait hâte de quitter la maison, pressée, dit-elle, d'aller porter un cierge à la plus proche église.

Je sortis moi-même et la laissai aller, désespérant d'en apprendre davantage.

On devine bien que je ne contai pas mon histoire au palais Aldobrandi : la marquise était trop prude, don Ottavio trop exclusivement occupé de politique pour être de bon conseil dans une amourette. Mais j'allai trouver mon peintre, qui connaissait tout à Rome, depuis le cèdre jusqu'à l'hysope, et je lui demandai ce qu'il en pensait.

— Je pense, dit-il, que vous avez vu le spectre de Lucrèce Borgia. Quel danger vous avez couru ! si dangereuse de son vivant, jugez un peu ce qu'elle doit être maintenant qu'elle est morte ! Cela fait trembler.

— Plaisanterie à part, qu'est-ce que cela peut être ?

— C'est-à-dire que monsieur est athée et philosophe et ne croit pas aux choses les plus respectables. Fort bien ; alors, que dites-vous de cette autre hypothèse ? Supposons que la vieille prête sa maison à des femmes capables d'appeler les gens qui passent dans la rue. On a vu des vieilles assez dépravées pour faire ce métier-là.

— À merveille, dis-je ; mais j'ai donc l'air d'un saint pour que la vieille ne m'ait pas fait d'offres de services. Cela m'offense. Et puis, mon cher, rappelez-vous l'ameublement de la maison. Il faudrait avoir le diable au corps pour s'en contenter.

— Alors, c'est un revenant à n'en plus douter. Attendez donc ! encore une dernière hypothèse. Vous vous serez trompé de maison. Parbleu ! j'y pense : près d'un jardin ! petite porte basse ?... Eh bien ! c'est ma grande amie la Rosina. Il n'y a pas dix-huit mois qu'elle faisait l'ornement de cette rue. Il est vrai qu'elle est devenue borgne, mais c'est un détail... Elle a encore un très beau profil.

Toutes ces explications ne me satisfaisaient point. Le soir venu, je passai lentement devant la maison de Lucrèce. Je ne vis rien. Je repassai, pas davantage. Trois ou quatre fois de suite, je fis le pied de grue sous ses fenêtres en revenant du palais Aldobrandi, toujours sans succès. Je commençais à oublier l'habitante mystérieuse de la maison n° 13, lorsque, passant vers minuit dans le viccolo, j'entendis distinctement un petit rire de femme derrière le volet de la fenêtre, où la donneuse de bouquets m'était apparue. Deux fois j'entendis ce petit rire, et je ne pus me défendre d'une certaine terreur quand, en même temps, je vis déboucher à l'autre extrémité de la rue une troupe de pénitents encapuchonnés, des cierges à la main, qui portaient un mort en terre. Lorsqu'ils furent passés, je m'établis en faction sous la fenêtre, mais alors je n'entendis plus rien. J'essayai de jeter des cailloux, j'appelai même plus ou moins distinctement ; personne ne parut, et une averse qui survint m'obligea de faire retraite.

J'ai honte de dire combien de fois je m'arrêtai devant cette maudite maison sans pouvoir parvenir à résoudre l'énigme qui me tourmentait. Une seule fois je passai dans le viccolo di Madama Lucrezia avec don Ottavio et son inévitable abbé.

— Voilà, dis-je, la maison de Lucrèce.

Je le vis changer de couleur.

— Oui, répondit-il, une tradition populaire, fort incertaine, veut que Lucrèce Borgia ait eu ici sa petite maison. Si ces murs pouvaient parler, que d'horreurs ils nous révéleraient ! Pourtant, mon ami, quand je compare ce temps avec le nôtre, je me prends à le regretter. Sous Alexandre VI, il y avait encore des Romains. Il n'y en a plus. César Borgia était un monstre mais un grand homme. Il voulait chasser les barbares de l'Italie, et peut-être, si son père eût vécu, eût-il accompli ce grand dessein. Ah ! que le ciel nous donne un tyran comme Borgia et qu'il nous délivre de ces despotes humains qui nous abrutissent !

Quand don Ottavio se lançait dans les régions politiques, il était impossible de l'arrêter. Nous étions à la place du Peuple que son panégyrique du despotisme éclairé n'était pas à sa fin. Mais nous étions à cent lieues de ma Lucrèce à moi.

Certain soir que j'étais allé fort tard rendre mes devoirs à la marquise, elle me dit que son fils était indisposé et me pria de monter dans sa chambre. Je le trouvai couché sur son lit tout habillé, lisant un journal français que je lui avais envoyé le matin soigneusement caché dans un volume des Pères de l'Église. Depuis quelque temps, la collection des saints Pères nous servait à ces communications qu'il fallait cacher à l'abbé et à la marquise. Les jours de courrier de France, on m'apportait un in-folio. J'en rendais un autre dans lequel je glissais un journal, que me prêtait le secrétaire de l'ambassade. Cela donnait une haute idée de ma piété à la marquise et à son directeur[16] qui, parfois, voulait me faire parler théologie.

Après avoir causé quelque temps avec don Ottavio, remarquant qu'il était fort agité et que la politique même ne pouvait captiver son attention, je lui recommandai de se déshabiller et je lui dis adieu. Il faisait froid et je n'avais pas de manteau. Don Ottavio me pressa de prendre le sien ; je l'acceptai et me fis donner une leçon dans l'art difficile de se draper en vrai Romain.

---

16. De conscience : confesseur.

Emmitouflé jusqu'au nez, je sortis du palais Aldobrandi. À peine avais-je fait quelques pas sur le trottoir de la place Saint-Marc, qu'un homme du peuple que j'avais remarqué, assis sur un banc à la porte du palais, s'approcha de moi et me tendit un papier chiffonné.

— Pour l'amour de Dieu, dit-il, lisez ceci.

Aussitôt, il disparut en courant à toutes jambes.

J'avais pris le papier et je cherchais de la lumière pour le lire. À la lueur d'une lampe allumée devant une madone, je vis que c'était un billet écrit au crayon et, comme il semblait, d'une main tremblante. Je déchiffrai avec beaucoup de peine les mots suivants :

« Ne viens pas ce soir, ou nous sommes perdus ! On sait tout, excepté ton nom, rien ne pourra nous séparer. Ta LUCRÈCE. »

— Lucrèce ! m'écriai-je, encore Lucrèce ! quelle diable de mystification y a-t-il au fond de tout cela ? « Ne viens pas. » Mais, ma belle, quel chemin prend-on pour aller chez vous ?

Tout en ruminant sur le compte de ce billet, je prenais machinalement le chemin du viccolo di Madama Lucrezia, et bientôt je me trouvai en face de la maison n° 13.

La rue était aussi déserte que de coutume, et le bruit seul de mes pas troublait le silence profond qui régnait dans le voisinage. Je m'arrêtai et levai les yeux vers une fenêtre bien connue. Pour le coup, je ne me trompais pas. Le contrevent s'écartait.

Voilà la fenêtre toute grande ouverte.

Je crus voir une forme humaine qui se détachait sur le fond noir de la chambre.

— Lucrèce, est-ce vous ? dis-je à voix basse.

On ne me répondit pas, mais j'entendis un claquement, dont je ne compris pas d'abord la cause.

— Lucrèce, est-ce vous ? repris-je un peu plus haut.

Au même instant, je reçus un coup terrible dans la poitrine, une détonation se fit entendre, et je me trouvai étendu sur le pavé.

Une voix rauque me cria :

— De la part de la signora Lucrèce !

Et le contrevent se referma sans bruit.

Je me relevai aussitôt en chancelant, et d'abord je me tâtai, croyant me trouver un grand trou au milieu de l'estomac. Le manteau était troué, mon habit aussi, mais la balle avait été amortie par les plis du drap, et j'en étais quitte pour une forte contusion.

L'idée me vint qu'un second coup pouvait bien ne pas se faire attendre, et je me traînai aussitôt du côté de cette maison inhospitalière, rasant les murs de façon qu'on ne pût me viser.

Je m'éloignais le plus vite que je pouvais, tout haletant encore, lorsqu'un homme que je n'avais pu remarquer derrière moi me prit le bras et me demanda avec intérêt si j'étais blessé.

À la voix, je reconnus don Ottavio. Ce n'était pas le moment de lui faire des questions, quelque surpris que je fusse de le voir seul et dans la rue à cette heure de la nuit. En deux mots, je lui dis qu'on venait de me tirer un coup de feu de telle fenêtre et que je n'avais qu'une contusion.

— C'est une méprise ! s'écria-t-il. Mais j'entends venir du monde. Pouvez-vous marcher ? Je serais perdu si l'on nous trouvait ensemble. Cependant, je ne vous abandonnerai pas.

Il me prit le bras et m'entraîna rapidement. Nous marchâmes ou plutôt nous courûmes tant que je pus aller ; mais bientôt force me fut de m'asseoir sur une borne pour reprendre haleine.

Heureusement, nous nous trouvions alors à peu de distance d'une grande maison où l'on donnait un bal. Il y avait quantité de voitures devant la porte. Don Ottavio alla en chercher une, me fit monter dedans et me reconduisit à mon hôtel. Un grand verre d'eau que je bus m'ayant tout à fait remis, je lui racontai en détail tout ce qui m'était arrivé devant cette maison fatale, depuis le présent d'une rose jusqu'à celui d'une balle de plomb.

Il m'écoutait la tête baissée, à moitié cachée dans une de ses mains. Lorsque je lui montrai le billet que je venais de recevoir, il s'en saisit, le lut avec avidité et s'écria encore :

— C'est une méprise ! une horrible méprise !

— Vous conviendrez, mon cher, lui dis-je, qu'elle est fort désagréable pour moi et pour vous aussi. On manque de me tuer, et l'on vous fait dix ou douze trous dans votre beau manteau. Tudieu ! quels jaloux que vos compatriotes !

Don Ottavio me serrait les mains d'un air désolé, et relisait le billet sans me répondre.

— Tâchez donc, lui dis-je, de me donner quelque explication de toute cette affaire. Le diable m'emporte si j'y comprends goutte.

Il haussa les épaules.

— Au moins, lui dis-je, que dois-je faire ? À qui dois-je m'adresser, dans votre sainte ville, pour avoir justice de ce monsieur, qui canarde les passants sans leur demander seulement comment ils se nomment. Je vous avoue que je serais charmé de le faire pendre.

— Gardez-vous-en bien ! s'écria-t-il. Vous ne connaissez pas ce pays-ci. Ne dites mot à personne de ce qui vous est arrivé. Vous vous exposeriez beaucoup.

— Comment, je m'exposerais ? Morbleu ! je prétends bien avoir ma revanche. Si j'avais offensé le maroufle, je ne dis pas ; mais, pour avoir ramassé une rose, ... en conscience, je ne mérite pas une balle.

— Laissez-moi faire, dit don Ottavio ; peut-être parviendrai-je à éclaircir ce mystère. Mais je vous le demande comme une grâce, comme une preuve signalée de votre amitié pour moi, ne parlez de cela à personne au monde. Me le promettez-vous ?

Il avait l'air si triste en me suppliant, que je n'eus pas le courage de résister, et je lui promis tout ce qu'il voulut. Il me remercia avec effusion et, après m'avoir appliqué lui-même une compresse d'eau de Cologne sur la poitrine, il me serra la main et me dit adieu.

— À propos, lui demandai-je comme il ouvrait la porte pour sortir, expliquez-moi donc comment vous vous êtes trouvé là, juste à point pour me venir en aide ?

— J'ai entendu le coup de fusil, répondit-il, non sans quelque embarras, et je suis sorti aussitôt, craignant pour vous quelque malheur.

Il me quitta précipitamment, après m'avoir de nouveau recommandé le secret.

Le matin, un chirurgien, envoyé sans doute par don Ottavio, vint me visiter. Il me prescrivit un cataplasme, mais ne fit aucune question sur la cause qui avait mêlé des violettes aux lis de mon sein[17]. On est discret à Rome et je voulus me conformer à l'usage du pays.

Quelques jours se passèrent sans que je pusse causer librement avec don Ottavio. Il était préoccupé, encore plus sombre que de coutume et, d'ailleurs, il me paraissait chercher à éviter mes questions. Pendant les rares moments que je passai avec lui, il ne dit pas un mot sur les hôtes étranges du viccolo di Madama Lucrezia. L'époque fixée pour la cérémonie de son ordination approchait, et j'attribuai sa mélancolie à sa répugnance pour la profession qu'on l'obligeait d'embrasser.

Pour moi, je me préparais à quitter Rome pour aller à Florence. Lorsque j'annonçai mon départ à la marquise Aldobrandi, don Ottavio me pria, sous je ne sais quel prétexte, de monter dans sa chambre.

Là, me prenant les deux mains :

— Mon cher ami, dit-il, si vous ne m'accordez la grâce que je vais vous demander, je me brûlerai certainement la cervelle[18], car je n'ai pas d'autre moyen de sortir d'embarras. Je suis parfaitement résolu à ne jamais endosser le vilain habit que l'on veut me faire porter. Je veux fuir de ce pays-ci. Ce que j'ai à vous demander, c'est de m'emmener avec vous. Vous me ferez passer pour votre domestique. Il suffira d'un mot ajouté à votre passeport

---

17. Mis un « bleu » sur ma poitrine blanche. — 18. Me suiciderai d'un coup de pistolet à la tête.

pour faciliter ma fuite.

J'essayai d'abord de le détourner de son dessein en lui parlant du chagrin qu'il allait causer à sa mère ; mais, le trouvant inébranlable dans sa résolution, je finis par lui promettre de le prendre avec moi, et de faire arranger mon passeport en conséquence.

— Ce n'est pas tout, dit-il. Mon départ dépend encore du succès d'une entreprise où je suis engagé[19]. Vous voulez partir après-demain. Après-demain, j'aurai réussi peut-être, et alors, je suis tout à vous.

— Seriez-vous assez fou, lui demandai-je, non sans inquiétude, pour vous être fourré dans quelque conspiration ?

— Non, répondit-il ; il s'agit d'intérêts moins graves que le sort de ma patrie, assez graves pourtant pour que du succès de mon entreprise dépendent ma vie et mon bonheur. Je ne puis vous en dire davantage maintenant. Dans deux jours, vous saurez tout.

Je commençais à m'habituer au mystère ; je me résignai. Il fut convenu que nous partirions à trois heures du matin et que nous ne nous arrêterions qu'après avoir gagné le territoire toscan.

Persuadé qu'il était inutile de me coucher, devant partir de si bonne heure, j'employai la dernière soirée que je devais passer à Rome à faire des visites dans toutes les maisons où j'avais été reçu. J'allai prendre congé de la marquise, et serrer la main de son fils officiellement et pour la forme. Je sentis qu'elle tremblait dans la mienne. Il me dit tout bas :

— En cet instant, ma vie se joue à croix ou pile. Vous trouverez en rentrant à votre hôtel une lettre de moi. Si à trois heures précises je ne suis pas auprès de vous, ne m'attendez pas.

L'altération de ses traits me frappa ; mais je l'attribuai à une émotion bien naturelle de sa part, au moment où,

---

19. Opération à laquelle je participe.

pour toujours peut-être, il allait se séparer de sa famille.

Vers une heure à peu près, je regagnai mon logement. Je voulus repasser encore une fois par le viccolo di Madama Lucrezia. Quelque chose de blanc pendait à la fenêtre où j'avais vu deux apparitions si différentes. Je m'approchai avec précaution. C'était une corde à nœuds. Était-ce une invitation d'aller prendre congé de la signora ? Cela en avait tout l'air, et la tentation était forte. Je n'y cédai point pourtant, me rappelant la promesse faite à don Ottavio et, aussi, il fallait bien le dire, la réception désagréable que m'avait attirée, quelques jours auparavant, une témérité beaucoup moins grande.

Je poursuivis mon chemin, mais lentement, désolé de perdre la dernière occasion de pénétrer les mystères de la maison n° 13. À chaque pas que je faisais, je tournais la tête, m'attendant toujours à voir quelque forme humaine monter ou descendre le long de la corde. Rien ne paraissait. J'atteignis enfin l'extrémité du viccolo ; j'allais entrer dans le Corso.

— Adieu, madame Lucrèce, dis-je en ôtant mon chapeau à la maison que j'apercevais encore. Cherchez, s'il vous plaît, quelque autre que moi pour vous venger du jaloux qui vous tient emprisonnée.

Deux heures sonnaient quand je rentrai dans mon hôtel. La voiture était dans la cour, toute chargée. Un des garçons de l'hôtel me remit une lettre. C'était celle de don Ottavio et, comme elle me parut longue, je pensai qu'il valait mieux la lire dans ma chambre, et je dis au garçon de m'éclairer.

— Monsieur, me dit-il, votre domestique que vous nous aviez annoncé, celui qui doit voyager avec monsieur...

— Eh bien, est-il venu ?

— Non, monsieur...

— Il est à la poste ; il viendra avec les chevaux.

— Monsieur, il est venu tout à l'heure une dame qui a demandé à parler au domestique de monsieur. Elle a voulu absolument monter chez monsieur et m'a chargé de dire au domestique de monsieur, aussitôt qu'il viendrait, que

IL VICCOLO DI MADAMA LUCREZIA 115

madame Lucrèce était dans votre chambre.

— Dans ma chambre ? m'écriai-je en serrant avec force la rampe de l'escalier.

— Oui, monsieur. Et il paraît qu'elle part aussi, car elle m'a donné un petit paquet ; je l'ai mis sur la vache[20].

Le cœur me battait fortement. Je ne sais quel mélange de terreur superstitieuse et de curiosité s'était emparé de moi. Je montai l'escalier marche à marche. Arrivé au premier étage (je demeurais au second), le garçon qui me précédait fit un faux pas, et la bougie qu'il tenait à la main tomba et s'éteignit. Il me demanda un million d'excuses, et descendit pour la rallumer. Cependant, je montais toujours.

Déjà j'avais la main sur la clef de ma chambre. J'hésitais. Quelle nouvelle vision allait s'offrir à moi ? Plus d'une fois, dans l'obscurité, l'histoire de la nonne sanglante[21] m'était revenue à la mémoire. Étais-je possédé d'un démon comme don Alonso ? Il me sembla que le garçon tardait horriblement.

J'ouvris ma porte. Grâce au ciel ! il y avait de la lumière dans ma chambre à coucher. Je traversai rapidement le petit salon qui la précédait. Un coup d'œil suffit pour me prouver qu'il n'y avait personne dans ma chambre à coucher. Mais aussitôt j'entendis derrière moi des pas légers et le frôlement d'une robe. Je crois que mes cheveux se hérissaient sur ma tête. Je me retournai brusquement.

Une femme vêtue de blanc, la tête couverte d'une mantille noire, s'avançait les bras tendus :

— Te voilà donc enfin, mon bien-aimé ! s'écria-t-elle en saisissant ma main.

La sienne était froide comme la glace, et ses traits avaient la pâleur de la mort. Je reculai jusqu'au mur.

— Sainte Madone, ce n'est pas lui !... Ah ! monsieur, êtes-vous l'ami de don Ottavio ?

À ce mot, tout fut expliqué. La jeune femme, malgré sa pâleur, n'avait nullement l'air d'un spectre. Elle baissait

---

20. Malle en peau de vache. — 21. Épisode du *Moine,* de Monk Lewis.

les yeux, ce que ne font jamais les revenants, et tenait ses deux mains croisées à la hauteur de sa ceinture, attitude modeste, qui me fit croire que mon ami don Ottavio n'était pas un aussi grand politique que je me l'étais figuré. Bref, il était grand temps d'enlever Lucrèce et, malheureusement, le rôle de confident était le seul qui me fut destiné dans cette aventure.

Un moment après arriva don Ottavio déguisé. Les chevaux vinrent et nous partîmes. Lucrèce n'avait pas de passeport, mais une femme, et une jolie femme, n'inspire guère de soupçons. Un gendarme cependant fit le difficile. Je lui dis qu'il était un brave, et qu'assurément il avait servi sous le grand Napoléon. Il en convint. Je lui fis présent d'un portrait de ce grand homme, en or[22], et je lui dis que mon habitude était de voyager avec une *amica* pour me tenir compagnie ; et que, attendu que j'en changeais fort souvent, je croyais inutile de les faire mettre sur mon passeport.

— Celle-ci, ajoutai-je, me mène à la ville prochaine. On m'a dit que j'en trouverais là d'autres qui la vaudraient.

— Vous auriez tort d'en changer, me dit le gendarme en fermant respectueusement la portière.

S'il faut tout vous dire, madame, ce traître de don Ottavio avait fait la connaissance de cette aimable personne, sœur d'un certain Vanozzi, riche cultivateur, mal noté comme un peu libéral et très contrebandier. Don Ottavio savait bien que, quand même sa famille ne l'eût pas destiné à l'Église, elle n'aurait jamais consenti à lui laisser épouser une fille d'une condition si fort au-dessous de la sienne.

Amour est inventif. L'élève de l'abbé Negroni parvint à établir une correspondance secrète avec sa bien-aimée. Toutes les nuits, il s'échappait du palais Aldobrandi et, comme il eût été peu sûr d'escalader la maison de Vanozzi, les deux amants se donnaient rendez-vous dans celle de madame Lucrèce, dont la mauvaise réputation les proté-

---

22. Un « napoléon » en or (20 F).

geait. Une petite porte cachée par un figuier mettait les deux jardins en communication. Jeunes et amoureux, Lucrèce et Ottavio ne se plaignaient pas de l'insuffisance de leur ameublement, qui se réduisait, je crois l'avoir déjà dit, à un vieux fauteuil de cuir.

Un soir, attendant don Ottavio, Lucrèce me prit pour lui et me fit le cadeau que j'ai rapporté en son lieu. Il est vrai qu'il y avait quelque ressemblance de taille et de tournure entre don Ottavio et moi, et quelques médisants qui avaient connu mon père à Rome prétendaient qu'il y avait des raisons pour cela. Advint que le maudit frère découvrit l'intrigue ; mais ses menaces ne purent obliger Lucrèce à révéler le nom de son séducteur. On sait quelle fut sa vengeance et comment je pensai[23] payer pour tous. Il est inutile de vous dire comment les deux amants, chacun de son côté, prirent la clef des champs.

Conclusion. — Nous arrivâmes tous les trois à Florence. Don Ottavio épousa Lucrèce, et partit aussitôt avec elle pour Paris. Mon père lui fit le même accueil que j'avais reçu de la marquise. Il se chargea de négocier sa réconciliation, et il y parvint non sans quelque peine. Le marquis Aldobrandi gagna fort à propos la fièvre des Maremmes, dont il mourut. Ottavio a hérité de son titre et de sa fortune, et je suis le parrain de son premier enfant.

27 avril 1846.

---

23. Faillis.

LE FANTASTIQUE

Priorité de l'imaginaire

L'homme, zélateur diurne du réel, s'évade chaque nuit en plongées intermittentes dans l'univers parallèle, à la fois imprévisible et toujours familier, du sommeil paradoxal avec ses rêves.

Nous voilà d'ailleurs, *en plein jour aussi,* tiraillés entre l'imaginaire nourri de nos songes et la rationalité organisatrice qui nous a ménagé, sur un monde aux données immédiates parcellaires, un réel assez régulier pour devenir habitable :
— infiltrations impressives quand le réel prend insidieusement la figure du rêve dans l'*étrange* (voire dans le *fantasmagorique*) ou sécrète l'appréhension angoissante du *fantastique* ;
— renforcement quand la raison reconstruit ce qui fait ainsi problème, soit en proposant des réponses cohérentes à l'*énigmatique*, soit en expliquant ou structurant le *fantastique*, soit en pratiquant la *science-fiction* ;
— épanchement de l'imagination diurne mimant l'apparente anarchie du rêve dans le foisonnement poétique de la *fantaisie*, les caprices drolatiques du *fantasque*, l'exploration dépaysante du *merveilleux*.

Dialogue fictif sur le fantastique (cf. p. 127)

— MOI : Le fantastique agit-il bien à la façon sournoise et progressive de l'infiltration (ou de l'allusion) ?

— UN SÉMIOLOGUE : L'essentiel est dans la façon dont s'opposent le fantastique et le merveilleux. Tous deux ont pour objet des phénomènes extra-naturels, mais le premier bâtit son récit sur l'*ambiguïté* maintenue entre leur caractère réel ou illusoire ; le second confère à l'imaginaire la consistance (littéraire, bien entendu) d'un autre monde qui serait apparemment aussi réel que le nôtre. C'est surtout une affaire de mise en œuvre.

— MOI : Le fantastique est donc le maintien d'une incertitude entre le pseudo-réel accrédité par le merveilleux, et la démystification rationnelle qui réduit l'étrange à une illusion ? Mais si *La Vénus d'Ille* est un chef-d'œuvre d'équivoque perpétuée, *La Vision de Charles XI* se présente, elle, comme le constat sans ambiguïté d'un phénomène mystérieux. Est-ce à dire que le fantastique a pour condition nécessaire l'ambiguïté, non pas forcément de la narration, mais des phénomènes narrés ?

— UN AUTEUR DE S.-F. : Presque. Le fantastique est dans le regard sur le phénomène ; il suppose que l'on conçoive ce phénomène comme à l'intersection de *deux* mondes, naturel et extra-naturel. Le merveilleux, lui, situe l'imaginaire à l'intérieur d'un seul et même monde, le nôtre, fût-il élargi de ce fait. Le merveilleux est moniste ; le fantastique, dualiste.

— UN SOCIOLOGUE : Certes, c'est affaire de regard, mais de regard historique, car le regard de l'homme sur le monde a varié dans le temps. À l'ère pré-scientifique du merveilleux auquel on croit — Atlantide de Platon ou Chine de Marco Polo — a succédé l'âge du fantastique. Ce dernier se caractérise par l'*intrusion*, dans notre monde rationnel, d'un phénomène irrationnel dont on est assez impressionné pour ne pouvoir ni le rejeter dans l'irréel ni davantage y croire : « Je n'y crois pas, mais j'en ai peur », disait des fantômes Mme du Deffand, contemporaine de Voltaire ; la seconde moitié du XVIIIe s. et le XIXe ont donc été le temps d'une survivance intermittente de merveilleux dans un univers intellectuel de plus en plus scientiste. Leur succède en notre siècle, avec le triomphe de la pensée scientifique, la science-fiction où les ultimes puissances du rêve doivent adopter les oripeaux et la démarche de la science militante.

— MOI : En somme, l'imaginaire s'est adapté aux trois âges de l'humanité selon Auguste Comte : religieux, métaphysique, positif ! Mais l'intrusion de l'irrationnel, est-ce une condition suffisante du fantastique ? L'animation qui semble se glisser dans *La Vénus d'Ille* lui donne son aura fantastique ; mais quand la mythologie nous montre le sculpteur Pygmalion épris de la statue féminine qu'il a façonnée, et que les dieux exaucent son vœu qu'elle vive, on a seulement le merveilleux d'une fin heureuse inespérée... Le fantastique, lui, n'implique-t-il pas une émotion de peur ?

— UN PHILOSOPHE : Nous y voilà. En art, le fantastique est une catégorie esthétique d'émotion, comme le comique, le tragique ou le lyrique. Bien loin de s'inspirer d'une émotion, l'œuvre d'art a pour seul objectif de l'inspirer à son utilisateur. Pour le fantastique, cette émotion est en effet *la peur*, qui justifie d'ailleurs les caractères moins spécifiques déjà énoncés ; l'ambiguïté, comme déstabilisante, et l'intrusion, comme inquiétante, concourent à faire de la peur cette « inquiétante étrangeté » *(unheimlich)* dont parlait Freud.

— MOI : Si les phénomènes étranges doivent être littérairement mis en œuvre pour devenir du fantastique, certains ne

120 HENRI BAUDIN

seraient-ils pas plus particulièrement aptes à susciter la peur ?

— LE SOCIOLOGUE : Certes : pacte avec le démon, âmes en peine, spectres errants, Mort personnifiée, « chose » invisible qui tue, statue animée, malédiction de sorcier, femme fantôme, interversions du rêve et de la réalité, maison hors de l'espace, temps répété ou arrêté.

— UN CRITIQUE : Permettez-moi de mentionner pour le cinéma : fantôme, zombi, vampire, momie, monstre humain créé, lycanthrope, spiritisme, prémonition, invisibilité, cauchemar, imagination scientifique.

— UN DIRECTEUR DE COLLECTION DE S.-F. : Notre anthologie du fantastique a regroupé les meilleures nouvelles en huit sortes d'histoires : de morts-vivants, d'occultisme, de monstres, de fantômes, démoniaques, de doubles, d'aberrations, de cauchemars.

— LE PHILOSOPHE : Je verrais trois groupes de fantastique : traditionnel (légendes populaires et leurs dérivés littéraires) ; intérieur (images et émotions dérivées de l'expérience vécue) ; poétique (poèmes didactiques, évocateurs ou narratifs).

Mais l'important ici, ce ne sont pas les motifs (ou, plus largement, les thèmes). L'unité d'une œuvre d'art est une unité d'impression, et l'impression propre au fantastique est la peur. Le fantastique est forme, et ses motifs ne sont que matière : le chat fantastique intéresse dans la mesure où il est fantastique, non dans la mesure où il est chat...

— MOI : Le fantastique n'est donc pas dans l'ambiguïté du récit, mais dans les modalités du récit qui rendent plus redoutable un phénomène déjà ambigu. Quelles sont ces modalités ?

— LE DIRECTEUR DE COLLECTION : Pour réconcilier le civilisé moderne, raisonneur et blasé, avec son imaginaire, tout l'art du fantastique est d'endormir nos défenses par un début réaliste qui dissipe la méfiance : banalité quotidienne, narrateur raisonnable et raisonneur, avec çà et là quelques pincées d'insolite. Puis un coup de théâtre, dû à un être ou un événement étrangers au système réaliste initial, vient donner consistance à l'autre univers qu'on y pressentait à peine, l'émotion devant empêcher le lecteur de se poser trop de questions. Enfin on ancre éventuellement cet univers autre, soit dans des croyances archaïques ou exotiques, soit dans quelque occultisme ou parapsychologie, soit dans la mythologie propre à l'auteur (comme chez Lovecraft). Le lecteur en est la victime consentante et ravie : son intelligence l'opprimait, et tout ce qui l'en délivre un temps le rapproche de lui-même. D'ailleurs, l'auteur est son premier lecteur, piégeur délicieusement piégé comme le sera sa proie.

— LE PHILOSOPHE : Ajoutez que pour durer, le sentiment de l'horreur doit croître : le fantastique mûrit selon les exigences d'une action lente et se dissipe selon celles d'un dénouement rapide. Au reste, merveilleux ou banal, le dénouement plaît s'il est le fruit d'une exigence interne : nous entrons dans le roman policier pour avoir une explication, et dans le récit fantastique pour n'en pas avoir ; la solution de l'énigme donne l'impression que le mystère est résolu ; d'où la déception du lecteur de « fantastique expliqué » : quelque chose de précieux a fui quelque part. Témoin *Il Viccolo di Madama Lucrezia* (ou une autre nouvelle de Mérimée, *Djoûmane,* où le fantastique se révèle un simple rêve).

— MOI : Récit policier et récit fantastique sont-ils donc incompatibles ?

— LE PHILOSOPHE : Pas plus que science-fiction et fantastique, aujourd'hui réconciliés au sein de la spéculative-fiction. Comme eux, policier et fantastique sont opposés, mais à l'intérieur d'un même champ commun : l'énigmatique ; ils peuvent se compléter dans une même œuvre, comme *La Vénus d'Ille*. D'ailleurs l'irrationnel du récit fantastique ressort mieux avec un cadre originel et un narrateur qui lui résistent sans l'annuler... À part cette exigence pour l'œuvre, le fantastique, en tant qu'émotion sollicitée, est *négatif*. Il affirme la réalité de l'impossible dans le monde physique, et du monstrueux dans l'ordre esthétique et moral ; aujourd'hui surtout, il joue sur l'attrait de la peur, de l'horreur, du dégoût. Il n'y a plus de distance entre les mondes du dedans et du dehors, entre le possible et le réel, entre le sens et le mot. Cette contamination est un état intermédiaire entre la « possession » psychique et la participation esthétique...

— BLAISE PASCAL *(en voix off) :* « Les enfants qui s'effrayent du visage qu'ils ont barbouillé. »

— LE PHILOSOPHE : Merci : j'allais le dire. La conscience, donc, se spatialise et l'espace s'anime d'intentions malveillantes. Le temps fantastique est peut-être moins le temps vécu par le héros-victime du récit, que celui de la lecture par le lecteur ; et le pressentiment qui affecte la victime ou son entourage est l'image romanesque de ce que le lecteur éprouve. *Cette initiation à la peur se confond avec le récit lui-même.*

INTERVIEW POSTHUME DE MÉRIMÉE

— H.B. : Monsieur Mérimée, comment s'explique qu'un « esprit fort » comme vous, voltairien avéré, libertin de philosophie comme de mœurs, se soit complu à composer des récits fantastiques, d'un bout à l'autre de sa vie littéraire : la *Vision* dès 1829, la *Vénus* en 1834, le *Viccolo* en 1846, *Lokis* en 1868 ?

— P.M. : Puisque vous connaissez aussi bien mon œuvre littéraire, vous n'ignorez pas que j'ai dès le début aimé mystifier, attribuant mon théâtre à une imaginaire actrice espagnole, Clara Gazul, et fabriquant de pseudo-épopées illyriennes rassemblées sous le titre de *La Guzla*, simple anagramme de Gazul ! Eh bien, monsieur, il en va de même avec le fantastique : quoi de plus plaisant que de monter une belle machine à faire peur et de troubler ses auditeurs comme devant un phénomène réel ?

— H.B. : Soit, mais l'illusionnisme qui vous amusait est simple fantasmagorie, c'est-à-dire un fantastique explicable, et dissipé sitôt expliqué, ce qui réduit votre *Viccolo* à une amusette un peu scabreuse. Pourtant, à si bien suggérer le mystère, vous avez sûrement dû éprouver là un attrait plus durable, voire obsédant, qu'aux autres occasions où vous mytifiiez votre monde.

— P.M. : Il y a certes là quelque chose qui me dérange un peu, et je dois avouer un goût pervers à frôler le mystère d'assez près pour en ressentir un début de vertige, mais pas assez pour risquer d'y céder. N'oubliez pas mon talisman, cette bague où j'avais fait graver en grec (on n'est jamais trop prudent) : *Memnêso apisteïn*, c'est-à-dire : Souviens-toi de te méfier ! D'où les distances que je ménage dans mes récits, pour mes lecteurs comme pour moi-même. Rien n'y est vraiment direct avec l'extra-naturel : le narrateur du *Viccolo* raconte, mais rétrospectivement, des faits troublants, mais finalement fantasmagoriques ; celui de la *Vision* présente très rétrospectivement le procès-verbal de témoins défunts ; celui de *Lokis* encadre de quelques commentaires le retour à des pages de notes antérieures, et s'il a vu des faits singuliers, il n'a pas été témoin du seul décisif ; celui de la *Vénus* enfin n'a lui-même rien vu de ce qui pouvait être fantastique. De plus, très peu de faits inquiétants ne permettent pas une explication rationnelle envisagée par mes narrateurs, et moins encore la récusent absolument (comme la tache de sang dans la *Vision*)... En outre, un bon moyen de distance est l'ironie que je répands sur tous mes personnages (sauf les

INTERVIEW POSTHUME DE MÉRIMÉE

jeunes et jolies fiancées cela va de soi), même quand ils me ressemblent autant que le narrateur de ma chère *Vénus*.

— H.B. : N'y a-t-il pas quelque longueur dans les descriptions préalables et la « couleur locale », comme dans les discussions et commentaires érudits de vos narrateurs ?

— P.M. : C'est que, pour me citer moi-même, « on ne saurait trop multiplier les détails de la réalité matérielle pour narrer du surnaturel ; du bizarre au merveilleux, la transition est alors insaisissable » — et le piège, plus insidieux. Pour que ce piège fonctionne au mieux, le narrateur doit paraître posé et raisonnable, prosaïque et raisonneur, résistant à l'irrationnel, ce qui le rend moins clairvoyant à son égard que les êtres instinctifs, personnes simples ou simples animaux...

— H.B. : Son approche purement rationnelle de l'énigme ne s'apparente-t-elle pas à l'investigation policière, abordée dans les romans de votre époque par Edgar Poe, puis Émile Gaboriau ?

— P.M. : Vous êtes mieux placé que moi pour connaître les développements d'une littérature policière ; mais il est certain que mes narrateurs doivent apporter autant d'attention à observer les indices et autant de logique à les interpréter, qu'on devrait le faire dans une optique purement réaliste ; car cette optique entraîne la résistance au fantastique, en prolonge ainsi la pression, et en renforce la victoire finale éventuelle.

— H.B. : Les quatre nouvelles rassemblées par nos soins sont certes différentes de longueur et de ton, ainsi que par l'époque de l'action : la *Vision* fin XVIIIe s., la *Vénus* en 1834, le *Viccolo* dans les années 1820, *Lokis* en 1866. Pourtant la *Vision* et le *Viccolo* portent tous deux sur l'intrusion d'un temps dans un autre (anticipation d'un siècle ; morte revenant après deux siècles). En outre, il est raconté dans le *Viccolo* une anecdote de statue animée qui rappelle, en plus leste, ce qu'on croit deviner dans la *Vénus*. Et la fin tragique d'une nuit de noces est commune à cette dernière et à *Lokis*...

— P.M. : Ai-je vraiment été si monotone ? Il me semble cependant que la *Vision* exposait avec la rigueur d'un constat d'huissier un phénomène prémonitoire annonçant un fait historique avéré (au point que ce pauvre ambassadeur de Suède se crut obligé de publier un démenti !). Or le *Viccolo* montre un naïf jeune homme concluant assez présomptueusement à une histoire de fantôme ; est-ce tellement la même chose ? Mon rappel de la *Vénus* dans le *Viccolo*, cela, oui, c'était un clin d'œil délibéré aux fidèles d'entre mes lecteurs. Mais avec la *Vénus* et *Lokis*, l'une surhumanisant l'objet de bronze, l'autre dégradant un homme de qualité en monstre à la fois loup-garou et vampire, les êtres fantastiques suivent une pente très inverse.

— H.B. : Dans ces deux longues nouvelles, n'est-ce pas l'homme d'esprit, le mystificateur en vous, qui s'est amusé à tirer un sujet d'un jeu de mots et d'une prise au pied de la lettre, procédés comiques s'il en fut ? Jeu de mots, l'équivoque sur « CAVE AMANTEM » : avertissement des amants à Vénus ? ou de Vénus à ses amants ? et dans ce dernier cas, de la déesse ou de la statue ? Prise au pied de la lettre dans *Lokis* avec ce comte rude en amour, que sa belle trouve bien « ours » et en qui elle trouvera le soir des noces un ours altéré de sang.

— P.M. : Certes, mon ami, mais ce ne sont pas là d'innocents amusements. L'équivoque, dans les oracles antiques, était la forme même des arrêts du destin, et cette ambiguïté renforce latéralement celle, plus fondamentale, dont relève le phénomène fantastique. Quant à *Lokis*, pensez que l'émotion détruit la distance entre le mot et la chose, et que vivre le fantastique, c'est flairer l'ours réel derrière le reproche innocent d'une femme aimée ; c'est aussi lire une menace personnelle dans le regard malveillant d'une statue.

— H.B. : Une telle économie des moyens relève d'un art d'écrire tout classique, Monsieur l'Académicien, n'est-ce pas ?

— P.M. : Pas d'ironie, je vous prie, d'autant que les critiques ont à l'envi discuté la pureté de mon style ! Mais mon classicisme opère lui aussi au bénéfice du fantastique, rendu plus convaincant par la rigueur dans la composition et par la sobriété dans l'expression. Car il appelle la litote au lieu de la grossière hyperbole ; l'atténuation verbale et a fortiori l'allusion peuvent suggérer un infini d'horreur, alors que l'exagération, dépassant le supportable, indispose et se discrédite. Mais peut-être avez-vous changé tout cela ? De mon temps, on voulait donner au lecteur le sentiment que le phénomène le touchait seulement de loin ; le conteur de fantastique ressemblait au séducteur d'une honnête femme, tenu de respecter les étapes, les délais et les usages. De vos jours, un tel séducteur ne risque-t-il pas de s'adresser à une femme trop avertie qui s'irriterait de lenteurs et préliminaires désuets ? Ce serait dommage pour vos jeunes lecteurs comme pour le succès de mes nouvelles...

— H.B. : Au fait, pourquoi seulement des nouvelles, même aussi longues que *Lokis*, alors que vous avez été capable d'écrire un excellent roman avec *Chronique du règne de Charles IX* ?

— P.M. : Le roman se disperse en détails qui, avec leur masse, finissent par donner une impression de réalité foisonnante. Récit d'une seule aventure, la nouvelle stylise le réel pour n'en retenir que ce qui convient à son dessein et permet une concentration progressive vers le dénouement nécessaire.

Lokis (voir p. 51). Gravure de Yves Millet, 1979. Ed. Les Pharmaciens bibliophiles. Bibliothèque Nationale, Paris. Ph. © Bibl. Nat. — Photeb. Droits réservés.

EXERCICES PROPOSÉS

— Si vous voulez rivaliser avec Mérimée en traitant autrement le sujet des nouvelles, vous pourriez :
• **réorienter** sous une forme abrégée le genre des nouvelles :
— le *Viccolo* vers le fantastique (en ôtant Ottavio et Lucrezia ?) ;
— la *Vénus* et *Lokis* vers le récit policier (en changeant l'alibi de l'Aragonais et le récit de la veuve ? Pour *Lokis*, en rendant la mère du comte, non pas folle, mais jalouse ?, etc.).
• **transposer** le schéma des quatre nouvelles dans de tout autres registes, quitte à vous inspirer d'œuvres classiques ou modernes.
• **schématiser** ou **résumer** (voire rédiger) une version abrégée des nouvelles autres que la *Vision*, et faire le bilan de ce que vous regrettez de la version de Mérimée.

— Si vous voulez analyser de près ce qui donne leur efficacité aux quatre nouvelles, vous pouvez, à propos de chacune d'elles ou de l'ensemble des quatre :
• dessiner le schéma d'agencement des composantes de l'action ;
• étudier le mode de présentation du récit (direct, indirect, encadré) ;
• voir ses relations possibles avec les anecdotes insérées ;
• baliser les étapes d'apparition du fantastique en précisant leur degré d'intensité ;
• relever les investigations rationnelles qui leur sont opposées et indiquer en quoi elles peuvent rassurer le lecteur ;
• examiner l'enchaînement successif fantastique/rationnel ;
• préciser quels indices fantastiques résistent au rationnel ;
• découper comme *Lokis* les trois autres nouvelles ; intituler les sections des quatre nouvelles ;
• dégager les garanties de sérieux (notamment dans les débuts) ;
• apprécier l'ironie et noter ses fonctions ici ;
• expliciter les sous-entendus scabreux ou libertins ;
• caractériser le style de l'auteur ;
• délimiter les passages éprouvés comme des longueurs.

— Si vous voulez dégager des traits spécifiques à chaque nouvelle, vous pouvez :

BIBLIOGRAPHIE 127

- dans la *Vision*, relever ce qui donne des impressions de rêve (notamment les bruits ou leur absence) ;
- dans la *Vénus*, analyser la perfection du récit fantastique ;
- dans le *Viccolo*, spécifier le charme voltairien du ton ; étudier les jeux de ressemblances et leurs effets ;
- dans *Lokis*, examiner la « couleur locale » et son emprise (forêt).

Si vous voulez lire...

• d'autres textes de Mérimée
— *Carmen* (Bordas, coll. U.L.B., 1984).
— *Colomba* (Bordas, coll. U.L.B., 1985).
— *Romans et nouvelles* (Classiques Garnier-Flammarion, 2 vol., 1969).
— *Théâtre, romans et nouvelles* (Gallimard, Pléiade, nouv. éd. 1978).

• des récits fantastiques
Auteurs français :
— P.-G. Castex, *Anthologie du conte fantastique français* (Corti, 1972).
Auteurs de tous pays :
— R. Caillois (sociologue), *Anthologie du fantastique* (Gallimard, 2 vol., 1977).
— J. Goimard (directeur de collection) et R. Stragliati, *La Grande Anthologie du fantastique* (Presses Pocket, 10 vol., 1977).
— L. Vax (philosophe), *Les Chefs-d'œuvre de la littérature fantastique* (P.U.F., 1979), résumés encadrés dans une étude détaillée.

• des réflexions sur le fantastique
— *Le Fantastique* (Bordas, coll. U.L.B.-Thématiques, 1986).
— L. Vax, *L'Art et la littérature fantastiques* (P.U.F., Que sais-je ?, 1963).
— L. Vax, *La Séduction de l'étrange* (P.U.F., 1965).
— R. Caillois, *Images, images...* (Corti, 1966).
— T. Todorov (sémiologue), *Introduction à la littérature fantastique* (Seuil, 1970).
— M. Schneider, *Histoire de la littérature fantastique en France* (Fayard, 1985).

PETITE CHRONOLOGIE MÉRIMÉENNE

1803 — Naissance à Paris de Prosper, fils d'un professeur de dessin.
1823 — Licencié en droit, il noue amitié avec Stendhal.
1825 — *Théâtre de Clara Gazul* (augmenté en 1830).
1829 — *Chronique du règne de Charles IX ; Mosaïque* (nouvelles, dont *Vision de Charles XI*).
1834 — Inspecteur des monuments historiques, il parcourt le Midi (d'où la *Vénus*).
1839 — Voyage en Corse (d'où *Colomba*) et à Rome (d'où le *Viccolo*).
1845 — Membre de l'Académie française.
1847 — *Carmen.*
1853 — Napoléon III épouse Eugénie de Montijo, d'une famille amie de Mérimée ; celui-ci, nommé sénateur, fréquente la Cour impériale.
1869 — Il rédige, poussé par l'impératrice, *Lokis* et *Djoûmane.*
1870 — Décès à Cannes le 23 septembre ; un pasteur officie sur sa tombe.

TABLE DES MATIÈRES

Vision de Charles XI 3
La Vénus d'Ille 11
Lokis 45
Il viccolo di Madama Lucrezia 92

LE FANTASTIQUE. *Priorité de l'imaginaire*
Dialogue fictif sur le fantastique 118
Interview posthume de Mérimée 122
Exercices proposés 126
Si vous voulez lire... 127
Petite chronologie mériméenne 128
Illustrations 2, 15, 44, 125

Imprimerie Berger-Levrault, Nancy — 775449-04-1989.
Dépôt légal : avril 1989
Imprimé en France